DOKÉO

Protéger la Terre

Les grands enjeux de l'environnement

Direction éditoriale Céline Charvet
Direction artistique Jean-François Saada, Lieve Louwagie
Conception graphique Françoise Maurel et Jean-Marc Vaudey
Coordination artistique Pauline Martin
Édition Jean-Christophe Fournier, Marie Baird-Smith, Sophie Senart, Delphine Godard
Maquette Pauline Martin, Jean-Marc Vaudey, Stéphanie Ghinéa,
Ségolène Even, Delphine Renon, Albane Rouget, Julia Girodroux

Correction Magali Martija-Ochoa
Recherche iconographique Juliette Barjon, Michèle Kerneïs, Laurence Vacher
Fabrication Céline Premel-Cabic, Christelle Leplard
Photogravure Fap

Nos remerciements à Émilie Franc et Amélie Dentan pour leur aide précieuse.

Veolia Environnement a participé à la réalisation de ce livre.
La vocation de Veolia Environnement est de contribuer à l'amélioration de la qualité de la vie partout où le Groupe intervient. Référence mondiale des services à l'environnement, Veolia a un engagement fort au service du développement durable. Ainsi, le Groupe met en œuvre des actions concrètes pour partager des valeurs telles que la solidarité, la responsabilité citoyenne et le respect des ressources naturelles. Car agir en faveur de l'environnement, c'est l'affaire de chacun.

VEOLIA ENVIRONNEMENT

DOKÉO

Protéger la Terre

Les grands enjeux de l'environnement

Textes de **Jean-Michel Billioud**

illlustrés par **Buster Bone** (illustrations réalistes),
Stéphane Kiehl, Philippe Razéra (infographies et pictogrammes)
et **Henri Fellner** (dessins d'humour)

Nathan

SOMMAIRE

1/Connaître ta planète

2/Sauvegarder la biodiversité

3/Se protéger des catastrophes naturelles

Pour bien lire ton Dokéo

Ce livre comporte **six parties :** la première présente la Terre, les autres sont consacrées aux grands enjeux de demain pour l'environnement.

Chaque partie a sa **couleur** et son **pictogramme.** Sur chaque double page, les onglets reprennent le surtitre de la partie et mettent en avant le **mot-clé** du chapitre.

Les mots qui sont indiqués ainsi dans le texte, ***biodiversité,*** sont expliqués dans le **dico écolo,** sous le rabat de couverture.

Enfin, les pictogrammes ou renvoient régulièrement à une double page clé ou à un zoom :

La **double page clé,** sur fond couleur, traite un sujet sous forme d'infographie.

Le **zoom**, sur fond noir, développe un sujet en une demi-page ou une page.

Tu trouveras aussi les **rubriques suivantes :**

- Agir pour
- Citation
- Question d'enfant
- Chiffres
- Dates
- Portrait
- Info +

Apparition de la vie

Géologie

1. Connaître ta planète

Atmosphère

Eau

Climats

Population

Écologie

Née il y a plus de ***4 milliards d'années***, la Terre s'est lentement transformée avant que ne soient réunies, il y a environ 3 milliards d'années, toutes les conditions favorables à la ***naissance de la vie.*** Depuis cette lointaine époque, les êtres vivants ont surmonté des périodes de grandes glaciations, de violentes éruptions volcaniques et de redoutables séismes. Aujourd'hui, ***c'est l'homme qui menace,*** souvent de façon involontaire, l'équilibre fragile de la planète : son mode de vie a parfois des conséquences désastreuses sur l'environnement.

La naissance de la Terre et des êtres vivants

Beaucoup d'incertitudes demeurent sur l'explication de la création de la Terre. En revanche, les spécialistes sont unanimes sur sa date de naissance : elle remonte à 4,55 milliards d'années !

dates

LA FORMATION DES CONTINENTS

- 250 millions d'années

- 135 millions d'années

- 10 millions d'années

La création de la Terre

La Terre s'est formée à partir d'un gigantesque nuage de gaz et de poussières dont la périphérie s'est recouverte d'une croûte solide. Secouée d'éruptions volcaniques, cette boule en fusion a libéré des gaz et des vapeurs d'eau qui ont constitué la première ***atmosphère***, différente de celle qui nous entoure aujourd'hui. Puis la température a baissé, la vapeur d'eau s'est condensée en gouttes (VOIR P. 17) et des pluies torrentielles se sont abattues sur la Terre, formant un océan d'où seules quelques terres ont émergé autour du pôle Sud. Il y a 250 millions d'années, ces îles se sont regroupées en un continent unique, la Pangée. Elles s'est séparée en deux (il y a environ 135 millions d'années) puis en cinq continents (il y a environ 10 millions d'années) pour donner le visage actuel du globe. Ces continents et les océans qui les séparent sont portés par une douzaine de plaques gigantesques. Ces dernières

LES GRANDES ÈRES

Pour se repérer, les scientifiques ont divisé les temps préhistoriques et historiques en ères. Les conditions de vie différentes d'une ère à l'autre ont souvent entraîné l'apparition ou la disparition d'*espèces* animales ou végétales.

540 millions d'années

ÈRE PRIMAIRE

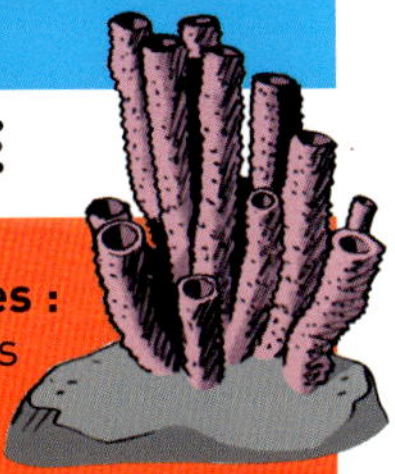

- 540 millions d'années : apparition des éponges et des mollusques.

- 450 millions d'années : apparition des premiers poissons.

- 360 millions d'années : apparition des premiers amphibiens, croissance des forêts, apparition des reptiles, disparition de 90 % des ***espèces*** vivantes.

- 245 millions d'années

ÈRE SECONDAIRE

Apparition des mammifères, premiers oiseaux, apparition des plantes à fleurs.

- 65 millions d'années

ÈRE TERTIAIRE

Disparition des dinosaures et de 70 % des espèces vivantes. Développement des mammifères.

1,64 millions d'années

ÈRE QUATERNAIRE

Développement de l'homme.

info+

LA DATE DE NAISSANCE DE LA TERRE

En 1654, le révérend James Usher fixe la date de naissance de la Terre au 23 octobre 4004 av. J.-C., à 9 heures du matin. Son calcul repose sur le nombre de générations (fils, pères, grand-pères…) évoquées dans la Bible.
Au XIXe siècle, le géologue Charles Lyell se fonde sur l'étude du nombre de strates des roches et propose la date de 240 millions d'années av. J.-C. La date actuellement retenue, - 4,55 milliards d'années, a été fixée au XXe siècle, par des scientifiques. Ils sont arrivés à cette date en déterminant l'âge des roches grâce à la datation par la ***radioactivité*** (processus naturel qui transforme en permanence les ***atomes*** contenus dans les roches).

flottent sur un lit de roche en fusion, le magma. Animées de mouvements différents, ces plaques s'entrechoquent, coulissent les unes contre les autres ou se chevauchent. C'est le phénomène de la ***tectonique des plaques,*** à l'origine des ***séismes*** (VOIR P. 58), des éruptions, de la naissance des volcans et des montagnes.

L'apparition de la vie

La vie est apparue sur Terre il y a près de 3 milliards d'années. À cette époque, l'atmosphère ne contenait pas d'***oxygène*** et les rayonnements solaires étaient mortels. Minuscules, les premiers êtres vivants, ***les bactéries,*** sont nés au fond des océans à partir d'une seule cellule (les hommes en comptent des milliards). Avec le temps, ces ***micro-organismes*** ont libéré de l'***oxygène*** et sont devenus de plus en plus complexes. Ils ont donné naissance à des plantes, des animaux et, beaucoup plus tard, à des humains (6 à 7 millions d'années avant J.-C.). Les plus anciennes traces de vie ont été découvertes en Australie sous une forme fossilisée. Vieux de 600 millions d'années, ces fossiles étaient les ancêtres des méduses et des vers actuels.

Parmi les milliards d'êtres vivants ayant vécu sur la Terre, certaines espèces ont disparu en raison de circonstances climatiques exceptionnelles comme les grandes ***glaciations,*** ou à cause de modifications de leur environnement (incendie, séisme, etc.). De nouvelles espèces apparaissent chaque jour sans être identifiées et certaines ne le seront jamais (VOIR P. 39).

Structure de la Terre

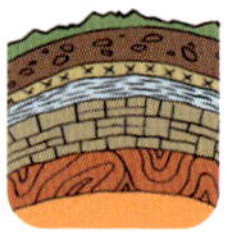

La Terre est composée d'une succession de couches. Elles sont formées de matière en fusion et de roches qui, parfois, renferment des énergies fossiles. Au sommet, le sol est un formidable réservoir de vie.

Une succession de couches

Surnommée la planète bleue, en raison du grand nombre de ses océans, la Terre pourrait aussi être appelée planète brune ou planète grise. Elle est en effet constituée presque exclusivement de roches réparties en trois couches : le noyau, le manteau et la croûte. Le noyau est composé d'une partie externe liquide et d'une partie interne solide, dont la température atteint plus de 6 000 °C. Il est entouré par le manteau, formé de roches brûlantes et épais de près de 3 000 km. Ce dernier est recouvert par la croûte, une couche plus fine de 6 km par endroits sous les océans et jusqu'à 90 km sous les continents.

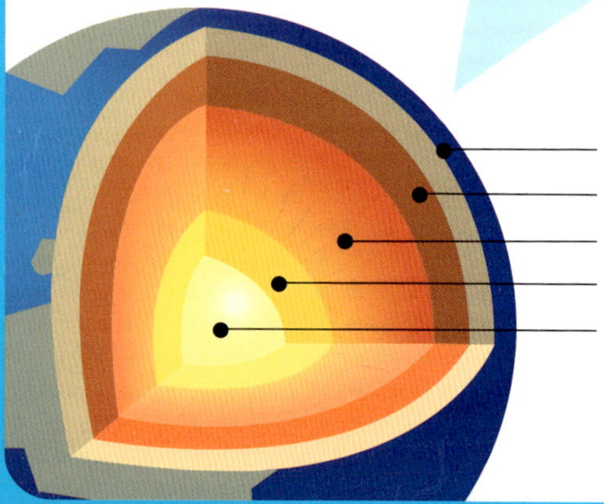

La formation des roches

Les roches qui constituent la croûte terrestre se sont formées tout au long des siècles. Les plus anciennes datent pratiquement de l'origine de la Terre, mais, chaque jour, de nouvelles apparaissent. Elles sont constituées de cristaux issus de combinaisons chimiques naturelles : on les appelle les minéraux. Elles peuvent être classées en trois catégories selon leur mode de formation : les roches magmatiques, les roches métamorphiques, les roches sédimentaires.

Certaines de ces roches sont utilisées dans l'industrie ou les entreprises de construction. C'est le cas notamment des roches métamorphiques comme le granite, l'ardoise ou le marbre. Les plus convoitées aujourd'hui sont les roches sédimentaires. Elles contiennent des énergies fossiles, formées par les vestiges des forêts, des animaux et des ***micro-organismes*** préhistoriques. Au cours d'un cycle de plusieurs millions d'années, ces éléments riches en ***carbone*** se sont enfoncés dans le sol, comprimés et transformés en gisements de ***charbon, gaz*** ou ***pétrole,*** emprisonnés entre deux roches imperméables.

Devenues indispensables aux hommes, les énergies fossiles ont été surexploitées. Aujourd'hui, elles sont en voie d'épuisement (VOIR P. 72).

LA CROÛTE TERRESTRE

1 Les roches magmatiques
Exemple : le basalte.
Majoritaires, ces roches ont été créees à partir de matières en fusion, refroidies et cristallisées, provenant des profondeurs de la Terre.

2 Les roches sédimentaires
Exemple : le calcaire.
Elles ont été formées par l'addition de morceaux de roches déjà existantes, de restes de plantes ou d'animaux.

3 Les roches métamorphiques
Exemple : le marbre, l'ardoise.
Elles sont issues de la transformation de roches magmatiques et sédimentaires qui se sont brisées puis mélangées sous l'action de la température et de la pression.

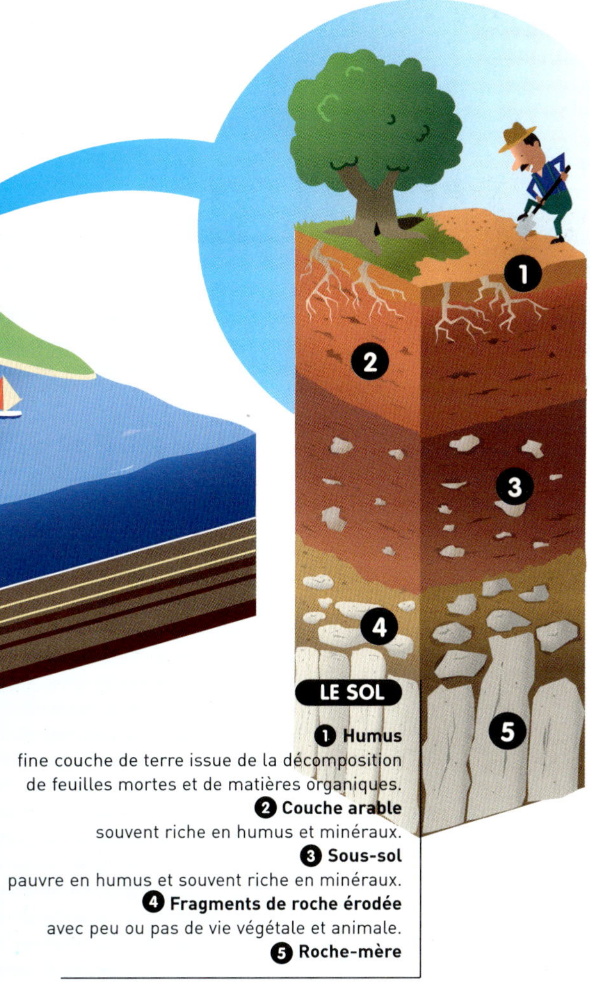

Le sol nourricier en danger

Sur la croûte terrestre, on trouve une couche fragile de débris de pierres, d'eau, d'air, de plantes et d'animaux décomposés. Cette strate, dont l'épaisseur varie de quelques centimètres à plusieurs centaines de mètres, abrite plus d'animaux (vers de terre, fourmis, rongeurs…) que tous les autres milieux terrestres réunis !
Au sommet de cette couche, la décomposition des espèces mortes forme l'***humus***, dont dépend la fertilité des sols. Cette richesse naturelle est aujourd'hui menacée en raison de la ***désertification***, de la ***déforestation***, de l'abus des ***pesticides*** pour les cultures (VOIR P. 88) et des feux de forêts (VOIR P. 57). Car sans végétation, les sols ne sont plus protégés contre la pluie, le soleil et le vent, les trois principaux facteurs naturels d'***érosion***.

question d'enfant

QUELQU'UN EST-IL DÉJÀ DESCENDU JUSQU'AU CENTRE DE LA TERRE ?

Non, personne n'a jamais fait un tel voyage… D'ailleurs, aucun forage réalisé jusqu'à aujourd'hui n'a pu dépasser 14 km de profondeur. Mais les scientifiques ont de nombreux outils à leur disposition pour connaître la composition de la Terre. Ils ont mesuré le diamètre de la planète et savent que la température s'élève de 1 °C en moyenne quand on s'enfonce de 30 m. Cela donne une estimation de la température au cœur de la Terre. Et en étudiant grâce aux radars la vitesse à laquelle se propagent les ondes d'un séisme (VOIR P. 58), ils peuvent définir l'épaisseur d'une couche terrestre ou d'une zone rocheuse (une onde se déplace plus ou moins vite selon la densité et la taille d'une roche).

L'atmosphère, un bouclier gazeux

Sans atmosphère, la vie ne serait pas possible sur Terre. Réserve d'oxygène, elle régule la température et protège les hommes contre les rayons nocifs du Soleil.

Un bouclier gazeux

Répartie en couches autour de la Terre, l'***atmosphère*** (du grec *atmos*, « vapeur ») est un mélange de 78 % d'azote, de 21 % d'***oxygène*** et de 1 % d'autres gaz (argon, ***méthane***, ***dioxyde de carbone***...). Cette composition a beaucoup évolué depuis la création de la Terre (elle était alors formée de près de 80 % de vapeur d'eau), mais sa teneur actuelle n'a pas varié depuis 500 millions d'années.

L'atmosphère protège la Terre du bombardement des petites météorites (des blocs de glace ou de pierre) qui se consument dans l'espace.

Une protection thermique

L'atmosphère protège également les hommes des rayons ultraviolets du Soleil, nocifs pour eux en trop grande quantité, grâce à sa couche d'ozone, située à 30 km d'altitude et épaisse d'une trentaine de kilomètres environ. Par ailleurs, la ***troposphère***, l'une des couches de l'atmosphère formée de vapeur d'eau et de gaz divers, a la double particularité de laisser passer la lumière du Soleil et d'empêcher le rayonnement renvoyé par le sol de repartir en totalité vers l'espace. Ces gaz font ainsi office de « serre » en retenant prisonnière une partie de chaleur. Grâce à eux, la surface terrestre bénéficie d'une température moyenne de + 15 °C au lieu de - 18 °C. Malheureusement, cet équilibre est

question d'enfant

COMMENT PRÉVOIT-ON LE TEMPS QU'IL VA FAIRE ?

Dans le monde entier, les météorologues surveillent en permanence les états de la basse atmosphère (direction et vitesse du vent, température, humidité de l'air) grâce à des stations d'observation sur terre et en mer, des avions, des ballons-sondes et des satellites. Depuis plus de cent ans, ils notent ces éléments et leurs conséquences sur le lendemain ou le surlendemain. Ces données, enregistrées de plus en plus précisément dans des ordinateurs, permettent de faire des prévisions. Si l'atmosphère a telle caractéristique en un point « A », le jour « J », les informations traitées par l'ordinateur indiquent que, dans 80 % des cas, il neigera au point « B » le lendemain. Ce sont des modèles de prévision très fiables sur trois jours, moins au-delà.

UNE STRUCTURE EN ÉTAGES (échelle non respectée)

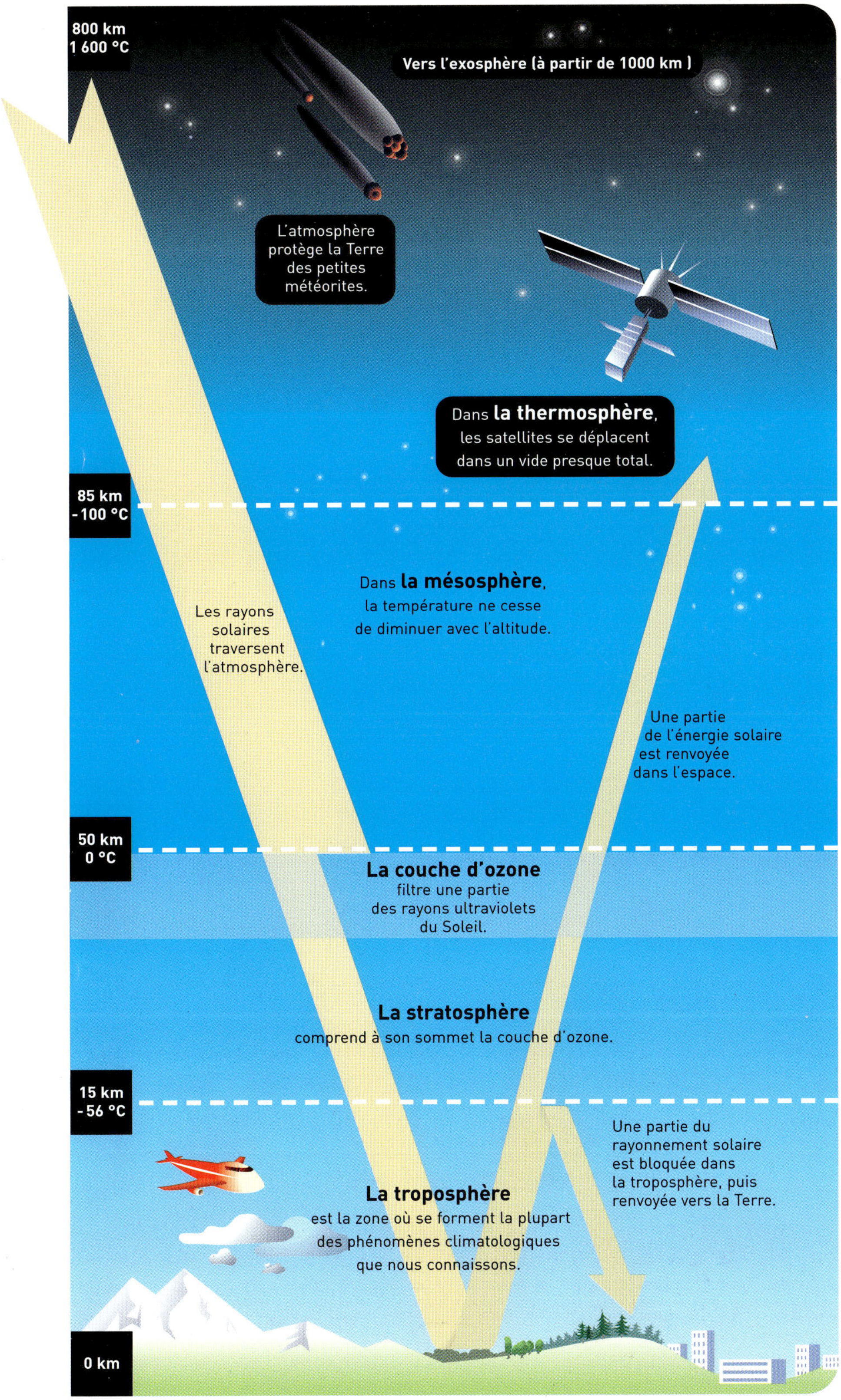

aujourd'hui rompu. Depuis les débuts de la ***révolution industrielle*** (fin du XVIIIe siècle en Angleterre), les hommes rejettent de plus en plus de dioxyde de carbone dans l'atmosphère pour se chauffer, faire fonctionner leurs voitures et leurs industries. Longtemps inconscients de ce danger, ils ont modifié le cycle du ***carbone*** (VOIR P. 14) et le mécanisme naturel de l'***effet de serre*** (VOIR P. 103).

Un mouvement perpétuel

Le mouvement de rotation de la Terre, que l'atmosphère accompagne en permanence, entraîne d'incessants remous, tourbillons et collisions entre masses d'air chaud et d'air froid. Pour cette raison, l'atmosphère est le lieu où se forment toutes les intempéries. Quand une masse d'air chaud et une masse d'air froid se rencontrent, elles ne se mélangent pas : l'air froid glisse sous la masse chaude, donnant naissance à des vents parfois violents (VOIR P. 61). De la même manière, quand une masse d'air se réchauffe sous l'effet du Soleil, elle s'élève dans le ciel (l'air chaud est plus léger que l'air froid). En prenant de l'altitude, l'air se refroidit, se condense en fines gouttelettes et forme un nuage. Ces milliards de gouttelettes se déplacent sans arrêt et créent des gouttes d'eau qui, plus lourdes que l'air, tombent en pluie sur la terre. Quand ces gouttes gèlent, elles se transforment en flocons de neige ou en grêle.

zoom

Le cycle du carbone

L'atmosphère, les océans, le sol, les végétaux et les animaux renferment du carbone et se l'échangent par des processus naturels. Avec leurs activités industrielles et la déforestation, les hommes menacent ce cycle naturel et font augmenter le taux de dioxyde de carbone dans l'atmosphère.

La respiration des êtres vivants, la décomposition des plantes ou des animaux, les incendies de forêt et les éruptions volcaniques diffusent du ***dioxyde de carbone*** dans l'***atmosphère***. En sens inverse, le carbone est stocké par les plantes terrestres et aquatiques lors du processus de la ***photosynthèse*** (VOIR P. 48) et se fixe avec les eaux de pluie dans le sol ou la mer. Il est enfin immobilisé dans les roches, transformé en ***charbon*** ou en ***pétrole*** par la chaleur et la pression souterraine. Les hommes, avec leurs besoins énergétiques (VOIR P. 69) de plus en plus importants, ne cessent de puiser dans les réserves de la Terre. Avec la ***combustion*** de ces ***énergies fossiles*** (***charbon***, pétrole, ***gaz***), une partie du carbone qui y était stocké est rejeté massivement dans l'air. Imprudents et inconscients, les hommes menacent aussi ce cycle naturel par les ***déforestations*** et les incendies de forêts qui renvoient le dioxyde de carbone retenu dans les arbres dans l'atmosphère. Ces rejets trop importants augmentent l'***effet de serre*** et le climat se réchauffe (VOIR P. 21).

OÙ TROUVE-T-ON DU CARBONE SUR TERRE ?

à 99,8 % dans la croûte terrestre (charbon, pétrole...)

à 0,19 % dans l'océan (plancton, coquilles...)

à 0,008 % dans le sol (décomposition d'animaux, de plantes, excréments...)

à 0,003 % dans les végétaux terrestres

STOCKAGE NATUREL

Photosynthèse 1
Décomposition 2 des plantes et des animaux
Fossilisation 3

REJETS NATURELS

Respiration 4 de tous les êtres vivants (sur terre et en mer)
Déchets **organiques** 5
Éruption 6

REJETS LIÉS AUX ACTIVITÉS HUMAINES

7 *Agriculture*
8 **Habitations** (chauffage, eau chaude, *électricité*)
9 **Transports**
10 **Combustion** des énergies fossiles
11 **Industries**
12 **Déforestation**

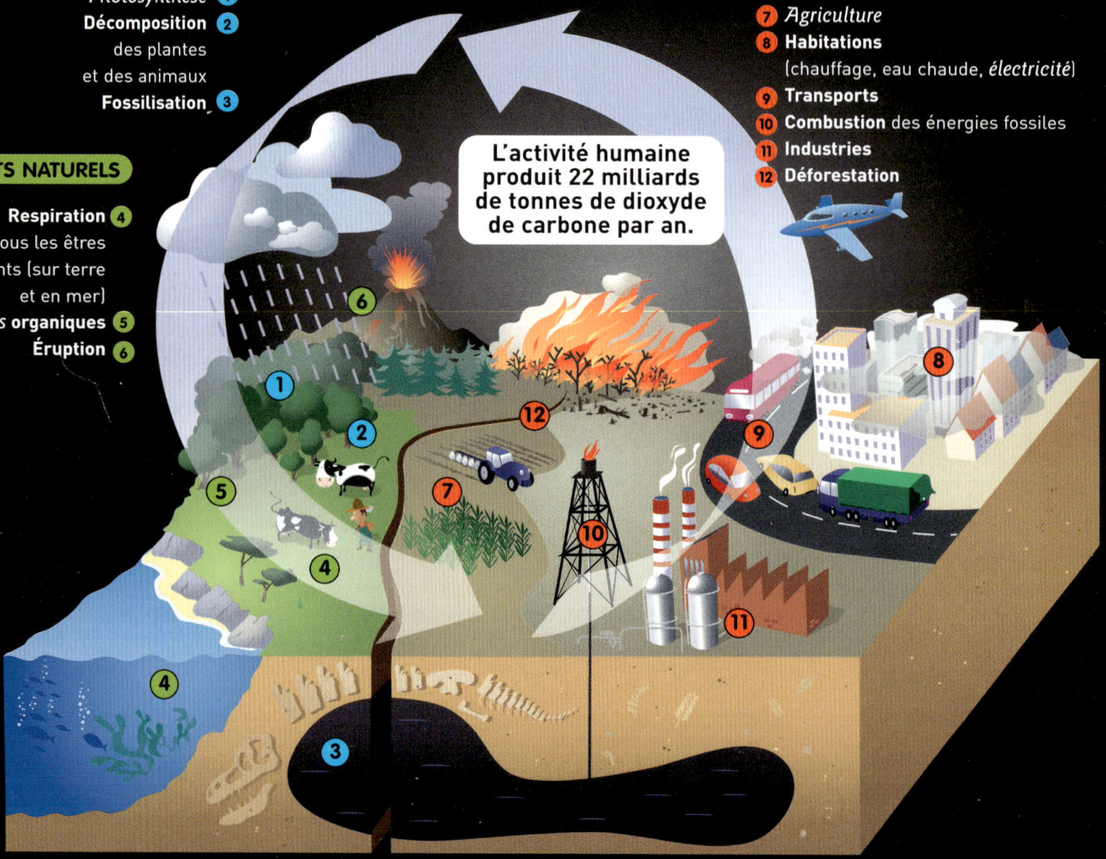

L'eau, source de vie

Océans, lacs, fleuves, glaciers : l'eau recouvre près de 70 % de la surface de la Terre. Cette particularité la différencie des autres planètes du système solaire et a permis l'apparition de la vie.

La très grande majorité de l'eau sur Terre est salée (97 %), dans les océans, les mers et quelques nappes phréatiques. L'eau douce est répartie entre les glaces polaires (environ 2,15 %), les nappes phréatiques (environ 0,60 %), les lacs, les fleuves et les rivières (moins de 0,63 %) et l'atmosphère (environ 0,001%) (VOIR P. 16).

question d'enfant

POURQUOI L'EAU DES BANQUISES EST-ELLE SALÉE ALORS QUE CELLE DES ICEBERGS NE L'EST PAS ?

La ***banquise*** se forme à la surface des mers et des océans lorsque la température descend au-dessous de - 2 °C. L'eau, salée, se transforme alors en glace. Les icebergs, quant à eux, sont des pans de glaciers qui se détachent et rejoignent les océans. Ces îles flottantes sont donc constituées d'eau douce (un glacier est une accumulation de neige qui se transforme en glace) et certains les considèrent aujourd'hui comme des sources d'eau potable (VOIR P. 97).

Le miracle de l'eau

Surnommée la planète bleue, la Terre possède toutes les conditions propices à la formation de l'eau. Tout d'abord, son atmosphère contient de l'***hydrogène*** et de l'***oxygène***, un gaz très rare dans l'univers et nécessaire à la constitution de l'eau. De plus, grâce à sa localisation par rapport au Soleil, la température de la Terre n'est pas trop élevée. Si notre planète était plus proche de ce dernier, toute eau aurait disparu. Si elle était plus éloignée, l'eau n'existerait que sous forme glacée. Les scientifiques ont longtemps cru que la Terre était la seule planète du système solaire disposant de cet or bleu. Pourtant, en 2004, une présence d'eau en grande quantité a été localisée sous forme de glace sur la planète Mars.

Source de vie

L'ensemble des eaux et des glaces de la planète, que l'on appelle l'***hydrosphère***, représente 70 % de la surface de la Terre. Cette ressource considérable a permis l'apparition de la vie sur Terre et le développement de l'humanité.

Mais gare aux gaspillages et à la pollution (VOIR p. 98) : les réserves d'eau douce ne sont pas inépuisables. L'homme doit par conséquent adopter des comportements responsables pour que les générations futures puissent continuer à en disposer (VOIR p. 108).

L'EAU, L'HOMME LUI DOIT BEAUCOUP !

1 Les premières cellules vivantes à l'origine des hommes, des animaux et des végétaux sont nées dans l'eau, il y a environ 3 milliards d'années.

2 Toutes les espèces vivantes ont eu besoin d'eau pour naître et se développer.

3 La recherche de points d'eau a toujours préoccupé les hommes : les premières civilisations se sont développées au bord de grands fleuves, comme le Nil, en Égypte.

4 Dans certaines régions du monde, les cultures sont largement dépendantes de fleuves, comme les rizières d'Asie du Sud-Est.

5 L'eau est indispensable pour approvisionner les villes et alimenter des industries chimiques, des usines à papier et des centrales hydrauliques.

6 et **7** L'homme comme l'animal ne peuvent survivre sans s'hydrater : l'eau est vitale pour eux.

8 Les poissons pêchés dans les mers et les rivières représentent pour l'homme des ressources alimentaires importantes.

9 Les fleuves et les océans sont d'extraordinaires voies de communication, empruntées de tous temps par les explorateurs et les commerçants. Des milliers de tonnes de marchandises sont encore transportées aujourd'hui par voie maritime ou fluviale.

zoom

Le cycle de l'eau

Au cours d'un processus permanent, l'eau se transforme en gaz (vapeur d'eau dans l'atmosphère), en liquide (pluies, océans) ou en solide (neiges, glaces polaires). C'est ce que l'on appelle le cycle de l'eau.

Le Soleil est à l'origine du mouvement perpétuel de l'eau. Il frappe de ses rayons la surface des étendues d'eaux et provoque l'évaporation. La vapeur se refroidit en montant dans l'***atmosphère*** puis forme des gouttelettes. Ces dernières s'assemblent dans des nuages qui se déplacent avec le vent et donnent naissance aux précipitations. Le phénomène est le même quand une masse d'air rencontre une montagne : elle s'élève et se refroidit, créant alors des nuages où se forment des gouttes glacées, les flocons.

Les racines des végétaux captent l'eau qui se trouve dans le sol. Parvenue jusqu'aux feuilles, une partie de cette eau s'évapore à travers les trous minuscules des feuilles (les stomates). Le reste est utilisé par la plante au cours de la *photosynthèse* (VOIR P. 48). Un hectare de forêts libère chaque jour par transpiration entre 20 et 50 tonnes d'eau absorbée par les racines des arbres.

1. Sous l'action du Soleil, la vapeur d'eau s'élève et forme des nuages. Quand les gouttes deviennent plus lourdes que l'air, il pleut. 61 % de l'eau de pluie s'évapore en tombant.
2. 16 % de l'eau de pluie ruisselle et rejoint en surface les cours d'eau, les mers et les océans.
3. Les glaciers de montagne sont constitués de neige accumulée qui se tasse petit à petit pour créer une langue de glace toujours en mouvement.
4. 23 % de l'eau de pluie pénètre dans la terre, grossissant le volume des *nappes phréatiques* et des rivières souterraines.
5. Les eaux souterraines sont alimentées par la fonte des neiges et les précipitations. Elles se chargent en minéraux en traversant différents terrains.

Parcours d'une goutte d'eau

Elle peut rester **5 000 ans** dans un glacier.

Puis elle devient liquide et ruisselle pendant **15 jours**.

Elle peut rester prise au piège des roches **1 400 ans** en moyenne : les plus imperméables peuvent la garder prisonnière jusqu'à **70 000 ans**.

Elle rejoint l'océan et peut y patienter **3 000 ans** avant de s'évaporer.

Elle ne reste que **8 jours** dans l'atmosphère, avant de former un nouveau nuage de pluie.

Elle retombe sur un glacier, sur Terre, ou directement dans l'océan.

Climats et milieux naturels

Les climats déterminent et modèlent les différents milieux naturels. Or, depuis plus d'un siècle, la planète se réchauffe dangereusement, ce qui bouleverse l'environnement.

Une mosaïque de climats et de milieux naturels

Le ***climat*** est la moyenne des températures et de la fréquence des précipitations ou des vents qui caractérisent un lieu. On ne peut pas énumérer tous les climats du monde, car il y en a des milliers. Pourtant, il est possible de les classer en quelques types principaux (équatorial, tropical, tempéré, polaire, etc.), eux-mêmes divisés en une multitude de micro-climats (méditerranéen, alpin…).

Un réchauffement inquiétant

Climats et milieux naturels sont donc complètement liés. C'est pourquoi un changement climatique important peut bouleverser le paysage terrestre. Or, le XXe siècle a été la période la plus chaude du millénaire et la décennie 1995-2004 la plus ardente depuis 1861, date depuis laquelle on dispose de thermomètres précis et fiables. Cette évolution n'est pas générale. Quelques régions du globe, comme certaines parties des océans de l'hémisphère sud et de l'Antarctique, ne se sont pas

ÉQUATORIAL

Une seule saison chaude, des pluies fréquentes et abondantes. **Végétation :** la jungle, qui recouvre 6 % de la surface terrestre et abrite au moins la moitié des espèces vivantes.

TROPICAL

Températures élevées toute l'année, avec une alternance de saisons sèches et humides. **Végétation :** tout dépend du volume des pluies. Les zones les plus arrosées sont couvertes de forêts denses. Dans les régions de climat tropical sec, les paysages sont quasi désertiques (savane).

TEMPÉRÉ

Températures douces et pluies régulières avec 4 saisons bien marquées. **Végétation :** forêts de feuillus, cultures et élevage dans les zones les plus arrosées.

MÉDITERRANÉEN

Variante (ou micro-climat) du climat tempéré : étés secs et chauds. **Végétation :** maquis, garrigue, culture de la vigne et de l'olivier.

DÉSERTIQUE

Déserts chauds à la latitude des tropiques, et déserts froids au cœur des continents. Précipitations presque nulles. **Végétation :** très rare.

FROID

Longs hivers avec de la neige durant plus de la moitié de l'année. **Végétation :** taïga (forêt de conifères résistants au froid) représentant un tiers des forêts du monde, sur 11 % de la superficie de la Terre, et toundra (vastes étendues de végétation pratiquement rase).

POLAIRE

Températures très froides toute l'année, précipitations presque nulles. **Végétation :** immenses étendues de glace et de neige.

réchauffées. Ainsi, sans que l'on comprenne vraiment pourquoi, la surface des glaces dans l'Antarctique est stable depuis 1978. Mais l'augmentation moyenne de la température sur la planète est incontestable.

Évolution naturelle ou responsabilité humaine ?

Au cours de son histoire, la Terre a déjà connu plusieurs longues périodes de réchauffement. Cela s'explique tout d'abord par la légère variation, tous les 100 000 ans, de la trajectoire de notre planète autour du Soleil. Le Soleil possède aussi des zones moins chaudes, repérables aux taches qu'elles forment à sa surface, qui diffusent moins de chaleur (4 000 °C au lieu de 6 000 °C). La quantité d'énergie que la Terre reçoit de l'astre solaire n'est donc pas toujours constante et engendre des périodes successives de glaciation et de réchauffement.

La plus ancienne ***glaciation*** remonte à 2 milliards d'années et le Quaternaire, l'ère à laquelle nous vivons, a déjà connu sept glaciations. Inversement, la température de l'ère secondaire était plus élevée en moyenne de 6 °C à celle d'aujourd'hui... La température n'a jamais augmenté aussi vite qu'au XXe siècle. Pour expliquer ce réchauffement, les chercheurs sont unanimes : avec ses rejets de ***gaz à effet de serre*** (VOIR P. 103) dans l'atmosphère, l'homme a une responsabilité face à la hausse récente de la température sur la planète.

2004, montée des eaux sur l'archipel de Tuvalu, Océanie. Depuis une dizaine d'années, cet archipel polynésien est régulièrement victime d'inondations marines.

info+

COMMENT MESURE-T-ON LE RÉCHAUFFEMENT DE LA PLANÈTE ?

Depuis le milieu du XIXe siècle des stations météorologiques réparties à travers le monde ont enregistré les températures. On a même réussi à identifier avec précision le ***climat*** des 400 000 dernières années. Comment a-t-on fait ? Les scientifiques ont prélevé des échantillons de glace dans les profondeurs de l'Antarctique. Des bulles d'air qui y sont emprisonnées depuis des milliers d'années ont ensuite été analysées : leurs caractéristiques chimiques et physiques ont permis de reconstituer les conditions climatiques de l'époque.

Un bouleversement climatique en marche

Alertés par les scientifiques, certains États se sont engagés à réduire leurs émissions de gaz à ***effet de serre***. C'est une chance pour les générations futures, mais cela ne fera que limiter des bouleversements déjà visibles ! Selon le Groupe intergouvernemental d'experts sur l'évolution du climat (GIEC), le réchauffement climatique devrait provoquer au XXIe siècle de plus en plus de pluies violentes en Europe du Nord et engendrer sécheresses et incendies en Europe du Sud. Ces mêmes experts annoncent aussi pour 2100 la disparition de certaines îles du Pacifique comme Cook et Tuvalu, ainsi que le bouleversement du tracé des côtes continentales, car la mer monte inexorablement (d'environ 2,5 mm par an depuis 1993). La cause principale de cette élévation est la fonte des glaciers et de la banquise. De plus, sous l'effet de la chaleur, l'eau prend plus de place, son volume augmente. Et comme les océans sont entourés de continents, le niveau des mers s'élève.

Avec le réchauffement du climat, les raisins sont mûrs de plus en plus tôt dans l'année :

zoom Les effets du réchauffement climatique

Avec le réchauffement de la planète, l'environnement change à une vitesse anormale : de nombreuses espèces animales et végétales sont menacées par cette évolution.

Aujourd'hui, plusieurs espèces d'animaux sont obligées de s'adapter ou de migrer pour retrouver les conditions dont elles ont besoin pour vivre. Pour certains, l'eau devient trop chaude, pour d'autres, l'herbe se fait trop rare ou encore un nouveau prédateur menace son territoire. Le monde végétal se modifie aussi. Ainsi, on a récemment constaté que certaines espèces s'installaient plus au nord de leur habitat habituel, sans doute pour trouver plus d'humidité. D'autres espèces migrent des basses altitudes vers les sommets, pour un climat plus frais. Mais cette évolution n'est pas toujours possible : 15 à 30 % des espèces végétales et animales devraient disparaître d'ici à 2050 sous l'effet du réchauffement climatique.

Quelques conséquences du réchauffement de la planète

1 AU CANADA

La saison des glaces raccourcit : les ours polaires ont moins de temps pour chasser les phoques sur la *banquise* et pour se nourrir correctement. Les femelles perdent beaucoup de poids et ne peuvent offrir une quantité suffisante de lait à leurs petits.
La mortalité des oursons s'accroît.

À l'ouest du lac Supérieur et dans les territoires du Nord-Ouest, les sécheresses sont de plus en plus fréquentes.
Les zones forestières sont sous la menace constante d'incendies.

2 EN ATLANTIQUE NORD

Le plancton dont se nourrissent la plupart des espèces de poissons s'est déplacé.
Depuis vingt ans, sur 36 espèces de poissons, les deux tiers sont remontés de 50 à 400 km vers le nord.

3 EN EUROPE

Les arbres sont plus gros et plus hauts. Mais en poussant trop vite, ils sont devenus plus fragiles.
Ils résistent moins aux tempêtes : celle de décembre 1999 a fait des ravages dans les forêts françaises.

4 EN AUSTRALIE

Les algues envahissent les mers et empêchent les poissons de s'y abriter comme autrefois.
Sur la côte est, la barrière de corail est menacée. Les récifs se dégradent et blanchissent avant de mourir.

7 EN ALASKA

Dans la péninsule de Kenaï, une race de coléoptères venus du sud a fait son apparition.
Près de 40 millions d'épicéas ont été ravagés par ces insectes.

Le dégel survient au moment où les caribous sont habitués à traverser des rivières gelées pour migrer vers le nord.
Au printemps, des milliers de jeunes caribous sont surpris par les eaux et se noient.

6 EN ANTARCTIQUE

Quand la température de l'eau monte, le krill, un minuscule crustacé dont se nourrissent les manchots empereurs, disparaît.
Les populations de manchots empereurs ont diminué de moitié depuis 1950.

5 EN MÉDITERRANÉE

De nouvelles espèces de poissons, comme le barracuda originaire des eaux tropicales, y font leur apparition. Ils mangent les mêmes proies que certaines espèces locales.
À moyen terme, certains poissons de roche vont disparaître.

De nouvelles algues prolifèrent.
Dorénavant contraintes à l'obscurité, certaines espèces sont gênées et ne peuvent plus prospérer.

Des milliards d'humains

Pendant plusieurs millénaires depuis l'apparition de l'homme sur Terre, la population de la planète a progressé lentement. Mais au cours des trois derniers siècles, elle a décuplé.

Une explosion démographique

En 1600, 500 millions d'hommes vivaient sur Terre. En 1800, ils étaient 1 milliard. Deux siècles plus tard, ce nombre a sextuplé en raison des progrès de l'industrie, de l'***agriculture*** et de la médecine. Aujourd'hui, chaque seconde, deux personnes meurent et cinq bébés naissent. Chaque année, la planète accueille 77 millions de nouveaux habitants. C'est ce que l'on appelle une révolution ***démographique*** !

Selon le Fonds des Nations unies pour la population (FNUAP), la population mondiale devrait passer de plus de 6 milliards aujourd'hui à près de 9 milliards en 2050. Les démographes de l'***ONU***, spécialistes de la science des populations, prévoient cependant des différences selon les continents : l'Europe devrait perdre 94 millions d'habitants et l'Afrique et l'Asie en gagner respectivement 952 millions et 1,39 milliard. L'Inde deviendra le pays le plus peuplé du monde devant la Chine : la moitié de la population mondiale vivra dans ces deux pays.

Un peuplement inégal

6,3 milliards d'habitants, cela peut paraître énorme... Et pourtant, avec sa ***densité*** moyenne de 47 hab./km², la Terre est peu peuplée. En effet, Les hommes sont très inégalement répartis sur la surface du globe, car les conditions climatiques ou les milieux naturels sont parfois hostiles (80 % de la population vit ainsi à moins de 500 m d'altitude). La tendance actuelle est à la concentration de la population mondiale dans les villes. Un homme sur deux y vit aujourd'hui, pour un sur dix en 1900. À la recherche d'une vie supposée meilleure, les populations rurales sont irrésistiblement attirées par les villes.

Un problème pour l'environnement

Mais comment nourrir, loger, chauffer et éclairer ces milliards de nouveaux citadins ? Souvent incontrôlée, l'***urbanisation*** génère une intense pollution atmosphérique à cause des transports, du chauffage et des usines nécessaires pour faire « fonctionner » les villes. Elle nécessite aussi des réseaux d'eau potable (VOIR P. 94), des systèmes de distribution d'énergie et des circuits de récupération des ***déchets*** que ces villes nouvelles n'ont pas toujours les moyens de mettre en place.

Les premières ***mégalopoles*** comme Londres en Grande-Bretagne, ou New York aux États-Unis sont nées dans les pays riches. Mais depuis cinquante ans, ce sont les ***pays en développement*** qui connaissent une véritable ruée vers les centres urbains, comme Lagos au Nigeria, ou Karachi au Pakistan.

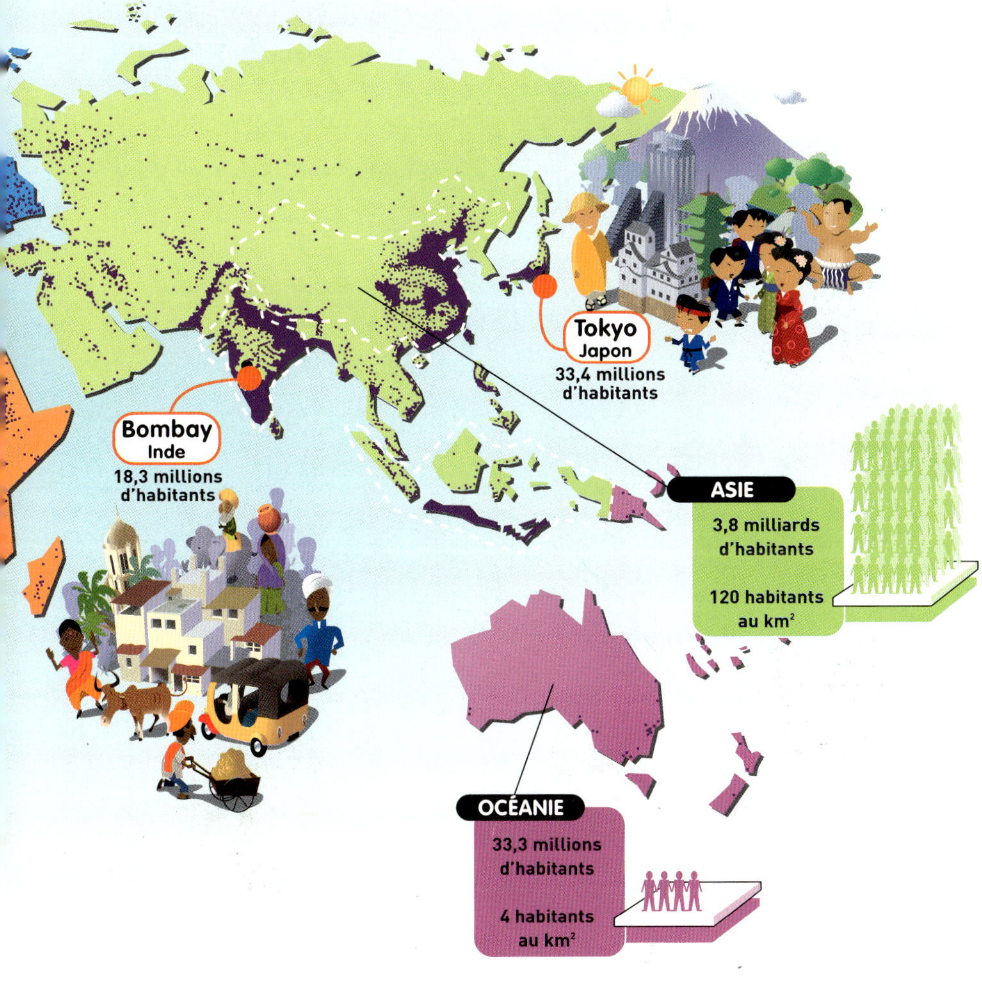

info+

LA VULNÉRABILITÉ FACE AUX RISQUES NATURELS

Les mégalopoles sont très vulnérables face aux colères de la Terre. Les tempêtes, coulées de boue, inondations et tremblements de terre y touchent plus d'habitants et sont donc plus meurtriers. De plus, un certain nombre de grandes villes, comme Istanbul, ont été construites sur des failles et sont sous la menace permanente de séismes majeurs (VOIR P. 58).

L'écologie

Depuis près de trente ans, les écologistes alertent les hommes politiques et les industriels à propos des dangers qui pèsent sur la planète. Aujourd'hui, leurs voix sont prises en considération.

Djakarta, Indonésie. Une rivière jonchée de détritus : un désastre écologique.

La mise en garde des scientifiques

Née au XIXe siècle, l'***écologie*** (du grec *oikos*, « habitat ou maison » et *logos*, « étude ») est la science qui étudie les rapports des êtres vivants avec leur milieu. Dans un premier temps, les écologues se sont intéressés à chaque espèce et à chaque milieu naturel séparément. Puis ils ont compris que les êtres vivants et leur environnement dépendaient étroitement les uns des autres. Cette découverte a été une avancée fondamentale dans la réflexion écologique. En effet, si une espèce disparaît, si une ressource est trop exploitée ou si un mécanisme naturel est modifié, la Terre entière peut en subir les conséquences. Les scientifiques ont par exemple démontré qu'une ***déforestation*** intensive avait de multiples conséquences à court et long terme. Elle met d'abord en danger la ***biodiversité*** (VOIR P. 44). Des espèces végétales disparaissent et de nombreux animaux perdent leur habitat.

De plus, une grande partie du ***carbone*** que les jeunes arbres retiennent prisonnier (VOIR P. 14) est rejetée dans l'atmosphère lors de leur combustion s'ils sont utilisés comme bois de chauffage. Cet afflux de carbone renforce l'effet de serre et participe activement au réchauffement de la planète. Les chercheurs ont aussi mis l'accent sur le danger de la surexploitation des ***énergies fossiles*** : en raison de l'accélération de l'***industrialisation*** et de la hausse de la courbe démographique (VOIR P. 22), les gisements sont en train de s'épuiser partout dans le monde. De plus, la combustion de ces énergies pollue l'atmosphère depuis près de deux siècles.

Des militants citoyens et politiques

Alertés par les études des scientifiques, des militants associatifs se sont engagés pour la protection de l'environnement dans le courant des années 1970. Puis des partis politiques se sont organisés autour d'un programme écologique. Le premier parti national écologique est fondé en 1972, en Nouvelle-Zélande, sous le nom de *Values Party*. En France, deux ans plus tard, René Dumont devient le premier candidat écologiste à une élection présidentielle. Il n'obtient que 1,32 % des votes mais son ambition était surtout de faire reconnaître la sauvegarde de l'environnement comme un enjeu politique. Son pari est gagné : les partis écologistes participeront désormais à la vie politique et diffuseront leurs idées. Le terme « Verts » est créé quelques années plus tard par les écologistes allemands, lors de leur première participation à une élection nationale, en 1980.

zoom — Des associations qui défendent la nature

Des associations comme Greenpeace, WWF (*World Wildlife Fund*) ou Les Amis de la Terre luttent pour sauvegarder la planète. Ils dénoncent des scandales écologiques grâce à des études ou des actions spectaculaires.

En 1971, un groupe d'écologistes et de pacifistes rejoint en bateau de pêche le site des essais *nucléaires* américains d'Amchitka en Alaska. Pour empêcher l'explosion d'une bombe, ces militants d'un nouveau genre osent se placer au cœur de la zone d'essai. Leur action rencontre un grand succès médiatique : dès 1972, les États-Unis cessent les essais nucléaires sur ce site. Le groupe décide de continuer son combat et se baptise Greenpeace, à partir des mots anglais *green*, « vert », et *peace*, « paix ».
À partir de 1975, les membres de Greenpeace affrontent les baleiniers en utilisant la même stratégie. Sur toutes les mers du globe, ils s'interposent entre les harponneurs russes, japonais ou norvégiens et leurs cibles. Leur action est couronnée de succès : depuis 1986, la chasse commerciale intensive de la baleine est interdite au niveau international (des pays comme la Norvège ou le Japon continuent néanmoins en toute illégalité). Depuis, fidèles à leur goût pour le spectaculaire, les membres de Greenpace n'hésitent pas à se suspendre aux cheminées d'usines ou à s'enchaîner aux grilles des entreprises polluantes ! Greenpeace est aujourd'hui présente dans quarante pays et compte près de 3 millions d'adhérents répartis à travers le monde.

Le futur de notre planète est entre vos mains ! Manifestants de Greenpeace lors de la Convention sur la biodiversité en mars 2006.

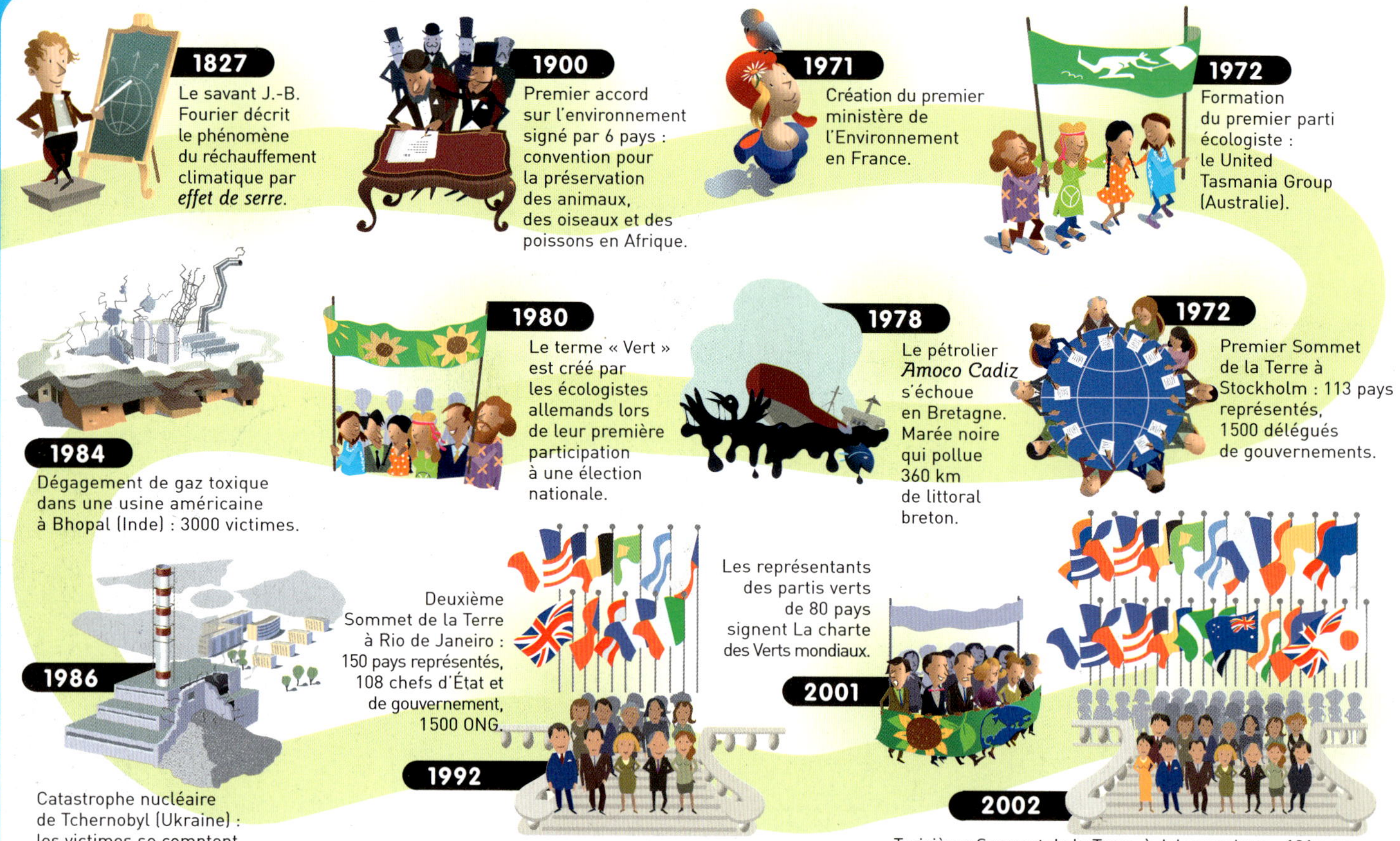

1827 Le savant J.-B. Fourier décrit le phénomène du réchauffement climatique par *effet de serre*.

1900 Premier accord sur l'environnement signé par 6 pays : convention pour la préservation des animaux, des oiseaux et des poissons en Afrique.

1971 Création du premier ministère de l'Environnement en France.

1972 Formation du premier parti écologiste : le United Tasmania Group (Australie).

1972 Premier Sommet de la Terre à Stockholm : 113 pays représentés, 1500 délégués de gouvernements.

1978 Le pétrolier *Amoco Cadiz* s'échoue en Bretagne. Marée noire qui pollue 360 km de littoral breton.

1980 Le terme « Vert » est créé par les écologistes allemands lors de leur première participation à une élection nationale.

1984 Dégagement de gaz toxique dans une usine américaine à Bhopal (Inde) : 3000 victimes.

1986 Catastrophe nucléaire de Tchernobyl (Ukraine) : les victimes se comptent par milliers.

1992 Deuxième Sommet de la Terre à Rio de Janeiro : 150 pays représentés, 108 chefs d'État et de gouvernement, 1500 ONG.

2001 Les représentants des partis verts de 80 pays signent La charte des Verts mondiaux.

2002 Troisième Sommet de la Terre, à Johannesburg : 191 pays représentés, plus de 50 000 délégués (plus grand rassemblement jamais organisé par les Nations unies).

Des sommets pour sauvegarder la planète

Pour beaucoup de pays, la nécessité de sauvegarder la planète devient une évidence. En 1972, pour la première fois, les grandes nations se rencontrent à Stockholm (Suède), sur le thème de l'environnement. Les participants s'engagent à organiser tous les dix ans des rencontres sur de grandes questions écologiques (***biodiversité***, réchauffement climatique, ***développement durable***). Ils fondent le Programme des Nations unies pour l'environnement (PNUE), chargé de coordonner la surveillance et l'étude des divers ***écosystèmes***. Dix ans plus tard, réunis à Rio de Janeiro, une centaine de chefs d'État adoptent un programme ambitieux de lutte mondiale contre les changements climatiques, pour la protection de la biodiversité et l'élimination des produits toxiques dangereux. Ils rédigent l'***Agenda 21***, un ensemble de recommandations pour la planète, conformes aux principes du développement durable (VOIR P. 30). En 2002, Johannesburg abrite le troisième Sommet de la Terre, qui vise à favoriser le renforcement d'un partenariat entre le Nord (les ***pays industrialisés***) et le Sud (les ***pays en voie de développement***).

L'avenir

Les sommets de la Terre sont-ils des réunions destinées à donner bonne conscience aux dirigeants des pays industrialisés, ou encore des lieux propices aux entreprises pour conclure des projets de développement plus rentables que durables ? Certains le pensent. D'autres sont persuadés que chaque sommet est utile pour faire connaître les enjeux de la planète au plus grand nombre, et permet souvent de franchir des étapes en faveur de l'***écologie***.

Ainsi en 2005, à la conférence de Montréal sur les changements climatiques, les États-Unis ont enfin accepté de mener une réflexion sur les efforts à mettre en œuvre après 2012 pour réduire leurs émissions de gaz à ***effet de serre***. C'est important, car la planète ne pourra être sauvegardée tant que les États-Unis, premier émetteur mondial de gaz à effet de serre, refuseront de se plier à une régulation internationale.

zoom Traités internationaux : les pays s'engagent

Au-delà des sommets, manifestations politiques de l'intérêt des pays pour les questions environnementales, les traités internationaux engagent concrètement un grand nombre d'États.

En 1987, le protocole de Montréal est le premier traité international visant à protéger l'***atmosphère*** contre les effets des activités humaines. Les 24 pays signataires (ils sont aujourd'hui 175) acceptent la réduction puis l'arrêt de l'usage des gaz dangereux pour la couche d'ozone (VOIR P. 13) comme le ***chlorofluorocarbure*** (CFC) de certaines bombes aérosols. Selon les scientifiques, si le protocole de Montréal était respecté, la couche d'ozone pourrait être entièrement reconstituée en 2050.

Le protocole de Kyoto, ratifié en 2002 par la majorité des pays développés, représente un progrès conséquent dans la lutte contre le réchauffement de la Terre car il contient des objectifs précis de limitation et de réduction des émissions de gaz à effet de serre. Par cet accord, 38 pays industrialisés acceptent notamment d'abaisser leurs émissions de CO_2 à des niveaux inférieurs à ceux de 1990 entre 2008 et 2012. Malheureusement, le protocole de Kyoto n'est pas encore ratifié par les États-Unis.

LE MARCHÉ DE PERMIS D'ÉMISSION DE CO_2

Le protocole de Kyoto a donné naissance à un marché international de droits d'émission de gaz à *effet de serre*. Ce marché fonctionne depuis 2005 dans les pays de l'Union européenne, pour les 10 000 entreprises dont les émissions de dioxyde de carbone sont les plus fortes.

1 Le gouvernement fixe aux entreprises un niveau d'émission de gaz à effet de serre (un quota) à ne pas dépasser pour l'année.

2 Pour respecter ce quota, l'entreprise :
- modifie son processus de production
- ou investit dans de nouvelles technologies « propres ».

3 Si l'entreprise dépasse son quota :
- elle paie une amende,
- ou elle rachète des quotas aux entreprises qui n'ont pas entièrement dépensé le leur.

Quand ce marché fonctionne bien, les entreprises qui respectent leur quota sont récompensées de leurs efforts. Celles qui le dépassent sont pénalisées et incitées à moins polluer.

question d'enfant

COMMENT PEUT-ON VÉRIFIER QUE LES ENTREPRISES RESPECTENT L'ENVIRONNEMENT ?

Cela dépend des pays et de la taille des entreprises. Plusieurs pays européens (Norvège, Danemark, Pays-Bas) rendent obligatoire la publication de rapports sur le respect des principes du ***développement durable*** dans leurs activités. En France, environ 700 sociétés cotées en Bourse sont soumises à cette obligation. Dans d'autres pays, les entreprises n'ont aucun compte à rendre ! Les ***écologistes*** aimeraient que toutes les entreprises soient contrôlées par des experts indépendants.

Les entreprises entrent en scène

Après la prise de conscience des scientifiques, des associations et des gouvernements, certaines entreprises se sont engagées à respecter les normes environnementales et à gérer les ressources nécessaires à leur fonctionnement dans le souci d'un développement durable (VOIR P. 30). Ainsi, un cimentier s'efforcera de limiter les pollutions lors de la fabrication de son ciment, un banquier proposera des prêts avantageux à un client désireux de s'équiper en chauffage solaire, un fabricant de meubles ne travaillera pas avec des bois rares en voie d'extinction. Après des années de productions industrielles polluantes, cet engagement est un élément très important pour le mouvement écologiste.

Certains produits vendus dans le commerce comportent des références obligatoires relatives à leur danger d'utilisation ou des instructions d'usage. Depuis quelques années, d'autres signes officiels sont apparus pour informer les consommateurs de leur qualité « écologique ».

LES LABELS ÉCOLOGIQUES

CERTIFIÉ AB AGRICULTURE BIOLOGIQUE

La marque « AB » : (pour agriculture biologique) produits alimentaires composés d'au moins 95 % d'ingrédients produits sans *pesticides*, engrais chimiques ou *OGM*.

« Dangereux pour l'environnement » : produit toxique à utiliser et éliminer avec précaution.

Le ruban de Mœbius : logo universel des matériaux recyclable, créé en 1970.

FSC

Le logo « FSC » : garantie que la forêt dont provient le bois est gérée de manière modérée pour préserver cette ressource naturelle.

MAX HAVELAAR Garanti Commerce Équitable

Le label « Max Havelaar » : produits alimentaires comme le café, le riz ou le cacao qui respectent les principes du *commerce équitable* (juste rémunération des producteurs des pays en *développement*).

NF ENVIRONNEMENT

La marque « NF-Environnement » : sigle officiel en France, garantie de la qualité écologique d'un produit (conçu pour réduire ses impacts sur l'environnement tout au long de son cycle de vie (de la fabrication à son élimination).

Énergie

L'étiquette « Énergie » signale les produits économes en énergie.

AGIR POUR L'ENVIRONNEMENT

Parallèlement à l'action des gouvernements, des associations et des entreprises, chacun, au quotidien, peut participer à la sauvegarde de l'environnement. Les actions les plus bénéfiques portent sur les économies d'eau, d'***énergie*** et la bonne gestion des ***déchets***.

Économise l'énergie

Baisse la température de ta chambre pendant la nuit.

Ne laisse pas la télévision allumée si tu ne la regardes plus.

N'utilise pas d'ampoules halogène : en une année, elles consomment autant d'énergie que deux lave-linge !

Éteins la lumière chaque fois que tu quittes une pièce où plus personne n'est installé.

Économise l'eau

Évite de laisser couler l'eau pendant que tu te brosses les dents. Prends une douche plutôt qu'un bain : une douche de 4 à 5 minutes consomme 30 à 80 litres d'eau, contre 150 à 200 litres pour un bain.

Arrose les plantes du jardin le soir : sous la chaleur du soleil, dans la journée, 60 % de l'eau s'évapore avant même d'avoir été absorbée.

Économise les matières premières et les ressources naturelles

Choisis des produits avec le moins d'emballage possible : les biscuits sont aussi bons vendus en vrac qu'en barquette plastique.

Lorsque tu tries tes déchets, veille à bien séparer le verre, le papier et le plastique pour le *recyclage* : 1 tonne de plastique recyclée = entre 600 et 800 kg de ***pétrole*** brut économisé.

« Traitez bien la Terre. Elle ne nous a pas été donnée par nos parents. Elle nous a été prêtée par nos enfants. »

Proverbe kenyan

Le développement durable

Grâce au progrès technique et au développement économique, le niveau de vie d'une partie de l'humanité a augmenté de manière spectaculaire ces cinquante dernières années. Cette **croissance**, synonyme de **surconsommation**, de **gaspillage d'énergie** et de **pollutions irréversibles**, a creusé les **inégalités** entre riches et pauvres et fait peser de graves dangers sur la planète. Il était temps de réagir ! Apparue officiellement en 1987, l'idée de concilier l'**essor économique** et social du monde avec le **respect de la nature** s'est imposée dans les différents sommets de la Terre. C'est le principe du développement durable. Il ne s'agit pas de renoncer aux progrès et de revenir au temps des cavernes mais d'**user avec modération** des ressources naturelles, de **modifier les comportements** de production et de consommation et de **mieux répartir les richesses** entre les pays développés et les pays en développement.

Mieux gérer les ressources naturelles

❶ Les entreprises mettent en place des techniques novatrices pour procurer de l'eau potable aux populations qui n'en ont pas. C'est l'un des grands enjeux du développement durable.

❷ Gouvernements et entreprises sont liés pour trouver une solution face aux prix du *pétrole* et à la pollution que ce carburant occasionne.

Protéger les écosystèmes

❸ Les parcs et réserves sont des lieux privilégiés de préservation des *écosystèmes*, mais chacun doit veiller à protéger son propre environnement par des gestes simples.

❹ En triant leurs *déchets*, tous les citoyens du monde participent à la lutte contre la pollution et le gaspillage et deviennent des acteurs majeurs du développement durable.

❺ Les experts et les ingénieurs développent des projets qui préservent les équilibres de la planète.

Construire un monde plus équitable

❻ Dans le *commerce équitable*, tout le monde est gagnant : les producteurs et les ouvriers sont respectés et mieux payés, les importateurs et les consommateurs bénéficient d'un produit de bonne qualité, et la nature est préservée.

❼ Beaucoup d'entreprises se sont engagées dans le développement durable, notamment en adoptant les principes du commerce équitable.

❽ Les *ONG* sont directement impliquées dans des projets de développement durable très concrets aux quatre coins de la planète.

Veiller à la santé des hommes

❾ En 1997, en signant le protocole de Kyoto, la majorité des pays développés ont décidé de réduire de - 5,5 % leurs émissions de *gaz à effet de serre* sur la période 2008-2012 par rapport au niveau de 1990.

❿ L'éducation à la santé par l'ONU est un moyen efficace pour lutter à travers le monde contre les grandes épidémies qui affectent des générations entières et ralentissent le développement.

1 FABRIQUER DE L'EAU DOUCE

Je suis responsable d'une usine qui dessale 100 millions de m³ d'eau par an et alimente ainsi 10 % de la population du pays !

Simon, Israël

2 DIVERSIFIER LES SOURCES D'ÉNERGIE

Ce carburant à base de colza pourrait remplacer l'essence ! Actuellement, le gouvernement brésilien finance nos recherches pour connaître les conséquences de la culture intensive du colza sur son écosystème.

Edson, Brésil

3 PRÉSERVER LA BIODIVERSITÉ

Je suis directrice d'un parc naturel où des espèces rares d'oiseaux migrateurs sont protégées. Dans le parc, pas de voiture : des vélos sont mis à la disposition des visiteurs.

Laura, Suède

4 VALORISER LES DÉCHETS

En faisant le tri sélectif de mes déchets ménagers, je mets à part tous les produits en plastique : ils seront traités et recyclés pour fabriquer des produits neufs.

Susan, États-Unis

5 UTILISER LES DÉCHETS COMME SOURCE D'ÉNERGIE

Notre usine de traitement de déchets utilise l'énergie libérée lors de la combustion des ordures pour fabriquer sa propre ***électricité***. Ce procédé permet aussi de chauffer 10 000 logements aux environs.

Tarik, Algérie

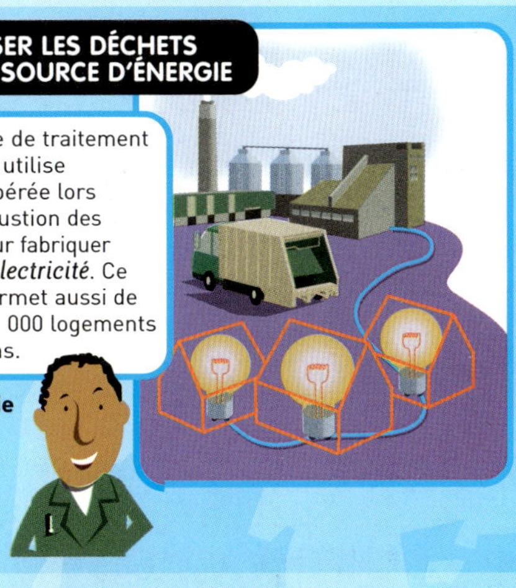

6 FAVORISER UN COMMERCE PLUS JUSTE ET PLUS PROPRE

Je vends mon café à une compagnie hollandaise qui l'achète à un prix élevé et sans délais de paiements. En échange, je ne fais pas travailler d'enfants, j'offre des conditions de travail correctes à mes employés et je respecte l'environnement (peu d'engrais chimiques dangereux, pas de surexploitation des terres, etc.).

Pablo, Bolivie

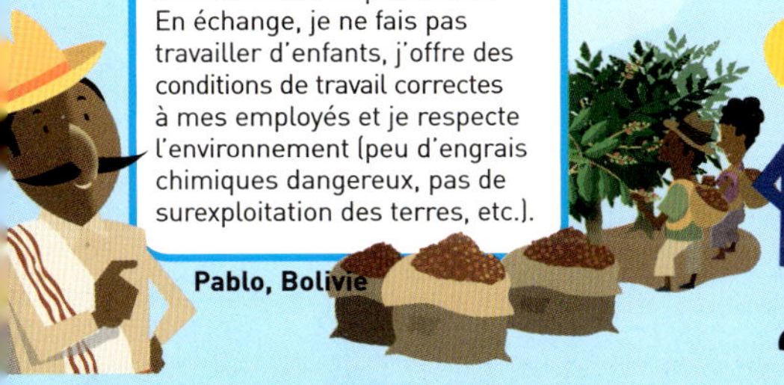

7 RÉPONDRE AUX BESOINS DES PAYS DÉFAVORISÉS

Avec mon entreprise, nous installons des systèmes modernes d'alimentation en eau potable dans les pays en développement pour favoriser leur développement économique.

Samuel, Gabon

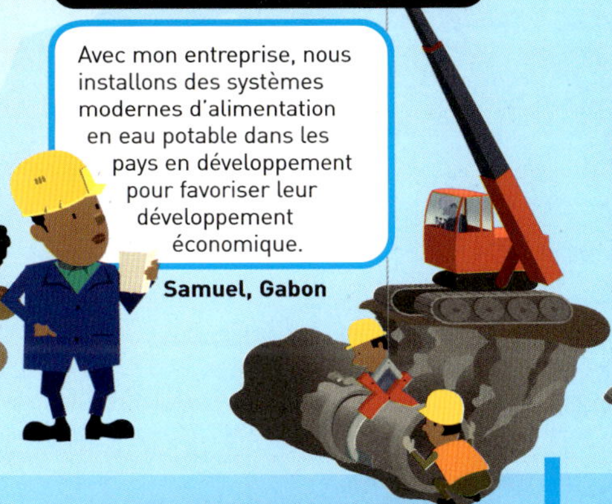

8 AIDER À PRÉSERVER LES MILIEUX NATURELS

Mon ONG construit des puits en Somalie grâce à de l'argent prêté par une banque à un taux mesuré. Ainsi, les cultures sont arrosées et le désert ne gagne pas de terrain.

Alphonse, Somalie

9 RÉDUIRE LES ÉMISSIONS DE GAZ À EFFET DE SERRE

Je n'utilise plus de charbon dans mon entreprise : cette énergie ***fossile*** est la plus polluante pour l'***atmosphère*** (rejet de CO_2).

Peter, Finlande

10 ÉDUQUER POUR ÉVITER LES ÉPIDÉMIES

J'ai appris que je devais me laver souvent les mains et faire attention à ce que je buvais pour éviter les maladies transmises par les eaux souillées.

Choukry, Maroc

Richesses naturelles

Classification des espèces

Animaux disparus

2. Sauvegarder la biodiversité

Animaux en danger

Actions

Reforestation

Les ***espèces animales*** ou ***végétales***, bien plus que les mines d'or ou de diamants, constituent ***la principale richesse*** de notre planète. Mais cette biodiversité est aujourd'hui en danger : le nombre d'espèces se réduit à un rythme croissant. Sur tous les continents, ***les signaux d'alerte*** sont allumés. Les scientifiques, les hommes politiques et tous les citoyens du monde doivent maintenant conjuguer leurs efforts pour enrayer ce ***processus destructeur***.

La biodiversité

La Terre se distingue des autres planètes par l'extraordinaire diversité du vivant. Cette biodiversité permet à l'homme de couvrir la plus grande partie des besoins quotidiens nécessaires à sa survie.

Une incroyable diversité

L'environnement est composé du monde des êtres vivants (VOIR SCHÉMA CI-CONTRE), et de celui du non-vivant. Les humains, les animaux, les végétaux, les champignons et tout ce qui en provient (plumes, feuilles mortes...) font partie du monde du vivant. Les substances

LES 3 NIVEAUX DE DIVERSITÉ

On observe la variété du monde du vivant dans trois domaines :
la **diversité des *écosystèmes***,
la **diversité des *espèces***
et la **diversité *génétique***.

minérales comme les roches, l'eau ou l'air et les produits fabriqués par l'homme (les objets, mais aussi les bâtiments, les routes, etc.) sont de l'ordre du non-vivant. Le monde du vivant est beaucoup plus complexe que le monde du non-vivant, en raison de la variété des ***espèces*** qui le compose. Difficile en effet de comparer des arbres, des baleines, des microbes et des virus. Pour décrire cet univers, les scientifiques ont inventé le terme de ***biodiversité*** qui provient de la traduction et de la contraction des mots anglais *biological diversity*.

En dépit de cette grande diversité, les êtres vivants ont des points communs. À l'échelle microscopique, ils sont tous formés à partir d'une ou de plusieurs cellules. Par ailleurs, ils suivent la même évolution : ils naissent, grandissent, se nourrissent, se reproduisent et meurent.

Une diversité vitale

La préservation de cette biodiversité est un enjeu capital pour l'homme. La nature lui procure ses ressources alimentaires par la chasse, la pêche, l'élevage ou l'***agriculture***. Elle lui offre aussi une partie de son habillement (coton, lin) et de son énergie (bois), sans oublier ses médicaments (VOIR P. 36). Certains écosystèmes comme les forêts (VOIR P. 46) jouent aussi un rôle majeur dans la stabilisation et la fertilisation des sols, la purification de l'eau ou l'équilibre des ***climats***. L'homme a parfois contribué à enrichir cette biodiversité. Depuis la naissance de l'élevage et de l'agriculture il y a près de 10 000 ans, il a protégé certaines espèces ou en a créé de nouvelles. C'est le cas de la clémentine, croisement naturel entre la mandarine et une orange douce.

Une richesse gaspillée

Un peu plus de 15 000 espèces sont aujourd'hui en voie d'extinction, pour environ 10 000 en 1998. Certains évoquent même une 6e vague d'extinction (VOIR P. 40) de l'histoire de la Terre, cette fois causée par l'humain. L'homme dégrade les milieux naturels et surexploite ses ressources (agriculture et pêche intensive, ***déforestation***, construction de routes et de voies ferrées). Il introduit sans précaution des espèces envahissantes (VOIR P. 44). À l'origine de pollutions, il a sans doute une responsabilité face aux changements climatiques de la Terre.

citation

« Quand le dernier arbre aura été abattu, quand le dernier poisson aura été pêché, quand la dernière rivière aura été empoisonnée, alors vous vous apercevrez que l'argent ne se mange pas. »

Geronimo

zoom Une pharmacie naturelle très convoitée

Depuis l'Antiquité, les bienfaits des médicaments composés à partir d'ingrédients naturels ont été largement prouvés. Aujourd'hui encore, de nombreux médicaments sont mis au point à partir de molécules naturelles.

2 800 ans avant J.-C., le Chinois Shen Nung avait déjà recensé plus de 300 plantes aux vertus médicinales. Aujourd'hui, la majorité des médicaments provient encore des substances naturelles (plantes, organismes marins, ***micro-organismes***). Le taxotère, un médicament contre le cancer, est issu des aiguilles d'un if du Pacifique sud. Le quinquina des forêts de la cordillère des Andes est efficace pour lutter contre la fièvre et notamment contre le paludisme. Ces qualités ont attiré les sociétés des ***pays industrialisés***, qui prélèvent des éléments vivants dans les pays riches en ***biodiversité*** pour les transformer en médicaments.

Comme ces opérations nécessitent des investissements très lourds, les entreprises exigent de breveter les plantes, comme on dépose un brevet pour être propriétaire d'une invention. Quand un brevet est déposé sur une plante, personne d'autre ne peut plus l'exploiter. Depuis une convention conclue à Rio en 1992, les États sont en théorie propriétaires de leurs ressources génétiques. Mais les interlocuteurs des pays riches en biodiversité sont parfois mal préparés à la négociation. Ils acceptent de vendre les espèces locales à bas prix et en trop grand nombre aux acheteurs. Il y a alors un danger pour les ***écosystèmes***.

Certains écologistes militent pour une augmentation du tarif des ressources du vivant. Si une plante est payée plus chère, on en vend moins pour le même prix et la nature est préservée.

Les espèces du vivant

Plusieurs centaines de millions d'espèces ont déjà vécu quelques milliers ou des millions d'années sur la Terre. L'homme tente de les répertorier, mais la tâche est immense.

Des êtres vivants par milliards

Les naturalistes ont décrit près de 1,7 million d'espèces animales et végétales vivant sur notre planète. Ce nombre colossal ne concerne que les espèces connues et laisse dans l'ombre 10, 20, 50 ou 100 millions de petites plantes, ***micro-organismes*** (acariens, bactéries), mammifères, oiseaux et poissons encore inconnus. Pour évaluer le nombre des êtres vivants et les répertorier de manière efficace, des scientifiques appelés « systématiciens », les ont classés selon des critères communs (les attributs), comme la présence de poils ou de plumes, la taille des fleurs, la forme des feuilles, etc.

De cette manière, le règne animal peut être divisé en deux grands groupes : les animaux invertébrés (éponges, oursins, vers, mollusques, insectes, araignées, crustacés, etc.) et les animaux vertébrés (poissons, amphibiens, reptiles, oiseaux, mammifères). Pour le règne végétal, on distingue par exemple les plantes avec fleurs des plantes sans fleurs.

info+

L'ORNITHORYNQUE

Découvert au milieu du XVIIe siècle, l'ornithorynque d'Australie a longtemps posé un problème aux scientifiques, car ils ne savaient pas comment le classer. En effet, il a des poils comme la plupart des mammifères, un bec comme les oiseaux et des pattes palmées comme certains reptiles. Un critère a cependant été déterminant pour le ranger dans la famille des mammifères : la femelle ornithorynque allaite ses petits !

ESPÈCES ACTUELLEMENT CONNUES

Les ***espèces*** d'insectes sont les plus nombreuses. Pourtant, les scientifiques estiment connaître seulement 10 % de tous les insectes qui vivent sur terre. Ils pensent avoir identifié 90 % des mammifères et 50 % des mollusques.

question d'enfant

LE CHEVAL ET L'ÂNE FONT-ILS PARTIE DE LA MÊME ESPÈCE ?

Non. Une espèce, c'est un ensemble d'êtres vivants qui se ressemblent (mais ne sont pas exactement similaires) et peuvent avoir une longue descendance. Le cheval et l'ânesse peuvent bien avoir un petit, le mulet, mais ce dernier sera stérile. Ses parents ne sont donc pas de la même espèce. En revanche, tous les chiens font partie de la même espèce. Les espèces sont divisées en « races » chez les animaux (pour les chiens par exemple, labrador, teckel, etc.) et en « variétés » pour les plantes.

De nouvelles classifications

Avec les progrès de la science, des classifications plus fines sont maintenant possibles. Grâce à la ***génétique***, science qui étudie les gènes des individus, les scientifiques peuvent rechercher des ressemblances non visibles à l'œil nu et reconstituer des familles d'espèces. Ce classement par type de gènes permet même de comparer des espèces actuelles avec des espèces animales ou végétales fossilisées depuis la préhistoire !

Des découvertes constantes

Près de 10 000 nouvelles espèces sont identifiées chaque année par les biologistes. Ce nombre important s'explique en partie par les progrès réalisés dans la recherche génétique. On peut maintenant différencier des espèces que l'on croyait autrefois similaires. Ces découvertes portent essentiellement sur des ***micro-organismes*** ou des insectes car ce sont ceux que nous connaissons le moins, mais toutes les espèces sont cependant concernées. Les

QUELQUES DÉCOUVERTES RÉCENTES

SAOLA *(Pseudoryx Nghetinhensis)*
Date de la découverte : 1992
Lieu : dans la forêt Vu Quang, au Vietnam
Signes particuliers : environ 100 kg, 1,50 m de long, 90 cm de haut.
À noter : aujourd'hui, une centaine de saolas sauvages subsistent... Ceux qui ont été capturés vivants n'ont pas survécu, mais les chercheurs ont réussi à prélever des cellules de cet animal en voie d'extinction.

REQUIN GRANDE GUEULE
(Megachasma pelagios)
Date de la découverte : 1976
Lieu : Hawaï (Pacifique)
Signes particuliers : 4,50 m à 5,20 de long, pour 750 kg ! Vit *a priori* à plus de 200 m de fond.
À noter : premier spécimen remonté des profondeurs par un navire américain : il était accroché à son ancre, qu'il avait essayé d'avaler.

scientifiques ont ainsi récemment identifié de nouvelles espèces de piranhas et de caméléons.

La technique et le hasard

Les recherches sont facilitées par de nouveaux outils d'exploration comme les satellites, les microscopes électroniques, ou les jumelles à infrarouge qui permettent de voir la nuit. Les progrès techniques en matière de photographie sont aussi très précieux. Grâce aux appareils photo à déclencheur automatique, plusieurs espèces considérées comme éteintes ont été retrouvées dans des forêts profondes. C'est le cas de la genette servaline, un petit carnivore de Tanzanie, identifié en 2002, 70 ans après sa supposée disparition. Le hasard joue aussi souvent un grand rôle dans ces découvertes. Sur les 10 espèces de baleines comptabilisées depuis 1908, la plupart ont été recensées parce que l'animal s'était échoué sur une plage. Cela laisse supposer que beaucoup d'autres espèces vivent encore dans l'anonymat des profondeurs.

Des disparitions permanentes

Parallèlement à ces découvertes, des milliers d'espèces disparaissent chaque année de la Terre et 99 % de celles qui ont vécu sur notre planète depuis l'origine de la vie sont éteintes (VOIR P. 40). La durée de vie moyenne d'une espèce varie entre quelques centaines de milliers et plusieurs millions d'années. Certaines ont été décrites à un moment de l'histoire. Mais les scientifiques savent qu'il y a beaucoup d'espèces inconnues, dont plusieurs millions dans les océans. La majorité disparaissent sans doute avant même que l'homme ne les ait identifiées !

portrait

LINNÉ

Le botaniste suédois Carl von Linné (1707-1778) est l'un des fondateurs de l'histoire naturelle moderne. Il a mis au point un principe de classification internationale, capable de s'appliquer à l'ensemble des végétaux, et a ensuite élargi cette classification au monde animal. Chaque être vivant est désigné par un nom de genre (commun à plusieurs espèces) et un nom d'espèce spécifique. Pour que ce classement soit compréhensible dans toutes les langues, Linné a employé le latin. Grâce à ce système, le *fox* des Anglais et le « renard » des Français est désigné sous le même nom, universel, de *Vulpes vulpes*. Linné est par ailleurs l'inventeur de mots comme flore, faune, mammifère ou primate.

RÂLE DE CAYALAN

(Gallirallus cayanensis)
Date de la découverte : 2004
Lieu : île de Cayalan (nord des Philippines)
Signes particuliers : cet oiseau de la taille d'un petit corbeau n'a pas d'ailes et ne peut donc pas voler.
À noter : découverte d'une centaine de couples isolés par une équipe de 9 scientifiques des Philippines et du Royaume-Uni.

ALBATROS D'AMSTERDAM

(Diomedea amsterdamensis)
Date de la découverte : 1983
Lieu : île d'Amsterdam (océan Indien)
Signes particuliers : 3,5 m d'envergure, pour environ 10 kg... L'un des plus grands oiseaux du monde !
À noter : 15 couples de ces albatros ont été découverts par des scientifiques français en 1983. Aujourd'hui, une vingtaine de couples sont encore en vie.

JARAGUA SPHAERO

(Sphaerodactylus ariasae)
Date de la découverte : 2001
Lieu : île Beata (Caraïbes)
Signes particuliers : 1,6 cm de long.
À noter : ce lézard gecko nain découvert par 2 biologistes américains est le plus petit reptile du monde. Malheureusement, il serait déjà en voie d'extinction.

Les animaux en danger

Au cours de l'Histoire, des millions d'espèces se sont éteintes de façon naturelle. Cependant, depuis quelques siècles, le rythme de ces disparitions s'est accentué de façon préoccupante.

Un constat inquiétant

La planète abrite des millions d'***espèces*** animales, des milliards d'insectes, d'oiseaux, de mammifères ou de poissons (VOIR P. 38). Et pourtant les écologistes tirent le signal d'alarme. Les dernières prévisions sont inquiétantes. Plus de 7 000 espèces animales sont menacées d'extinction, dont 24 % de mammifères et 11 % d'oiseaux connus dans le monde ! L'homme est désigné comme le grand coupable de cette menace. En outre, ces espèces en danger sont à 80 % des cas localisées dans les ***pays en développement*** qui comptent le plus de forêts tropicales, de mangroves et de récifs coralliens : des milieux riches en biodiversité. Or ces pays n'ont pas toujours les moyens de protéger leurs espèces rares. Ces dernières suscitent

DES ESPÈCES DÉJÀ DISPARUES

1. **Le dodo,** oiseau de l'île Maurice disparu au XVIIe siècle.
2. **L'émeu noir d'Australie,** disparu au début du XIXe siècle.
3. **Le dernier zèbre couagga** d'Afrique du Sud en liberté, abattu en 1878.
4. **Le canard du Labrador** dont le dernier spécimen fut aperçu en 1878.
5. **Le phoque moine** des Antilles disparu en 1954.
6. **Le loup de Tasmanie** dont le dernier survivant s'est éteint dans un zoo, en 1936.

dates

5 vagues de disparition naturelle des espèces

Au fil des millénaires, la vie des espèces a été ponctuée par des périodes massives d'extinction, probablement provoquées par des phénomènes naturels divers comme **de violents séismes, des chutes de météorites, des variations climatiques** ou **le déplacement des continents**.

Disparition de :

- *60 %* des animaux et végétaux marins — **- 440** millions d'années
- *60 %* des poissons et des algues — **- 365** millions d'années
- *90 %* des reptiles, des amphibiens et des insectes — **- 250** millions d'années
- *20 %* des reptiles, des gastéropodes et des bivalves — **- 215** millions d'années
- *100 %* des dinosaures, 70 % des reptiles et des fougères — **- 65** millions d'années

les convoitises des marchands, des chasseurs et des trafiquants (VOIR P. 42).

Le prédateur

Depuis l'aube des temps, l'homme chasse et pêche. Il s'est d'abord limité à ses besoins vitaux (se nourrir, se vêtir, se protéger), puis il s'est bien vite accordé le droit de combattre les animaux qui entravaient sa conquête de nouveaux territoires ou ses productions agricoles. Au début du XIXe siècle, l'Amérique comptait 75 millions bisons d'Amérique. Ils ne sont plus aujourd'hui que quelques milliers, vivant en semi-liberté dans des réserves. L'homme prélève notamment de plus en plus de poissons. En 1950, 20 millions de tonnes de poissons étaient péchés. Ce chiffre est passé à plus de 132 millions de tonnes en 2003 : le cabillaud, le thon et l'espadon sont actuellement menacés de disparition.

Des marchandises ?

Quand ils ne sont pas chassés ou pêchés pour leur chair, les animaux sont recherchés pour leur fourrure à la valeur parfois inestimable (VOIR P. 45), leur ivoire ou leurs cornes (éléphants, rhinocéros), leur nacre ou leurs écailles (coquillages, tortues). Mais beaucoup d'autres sont aussi capturés pour êtres revendus comme animaux de compagnie. Perroquets d'Amérique du sud, caméléons d'Afrique et singes d'Asie sont transportés dans des conditions épouvantables et meurent avant leur arrivée dans les animaleries. Pourquoi n'interdit-on pas le commerce des ***espèces*** les plus menacées ? Parce qu'une loi ne peut être appliquée que si elle est applicable. Or, mettre un gendarme derrière chaque animal est irréaliste. En outre, plus les espèces sont protégées, plus elles prennent de la valeur et intéressent les trafiquants !

Derrière le commerce légal des animaux grandit un trafic international dans lequel se vendent à prix d'or des espèces menacées. Les écologistes de l'association WWF (VOIR P. 25) estiment à 15 milliards d'euros, l'argent récolté par les trafiquants d'animaux sauvages dans le monde.

Des clients aussi coupables que les trafiquants

Il est impossible aux pays riches en ***biodiversité*** de contrôler chaque mètre carré de forêt vierge ou de fond sous-marin. Ce commerce odieux prendra fin seulement le jour où acheteurs et vendeurs auront pris conscience qu'ils mettent toute la faune de la planète en danger. L'achat d'animaux exotiques protégés est dans tous les cas à proscrire sans restriction. Et l'acquisition d'une espèce exotique autorisée à la vente ne doit pas être envisagée sans la possibilité d'offrir à l'animal des conditions de vie se rapprochant

info+

LA PROTECTION DES ANIMAUX

Une convention sur le commerce international des espèces de faune et de flore sauvages (CITES) menacées d'extinction a été mise en application en 1975 et concerne près de 170 pays. Elle réglemente aujourd'hui le commerce d'environ 30 000 espèces animales et végétales. Son objectif est d'assurer que le commerce international d'animaux et de plantes sauvages ne nuise pas à la conservation des espèces.

New Delhi (Inde), des peaux de bêtes issues d'un trafic illégal ont été saisies.

Le trafic d'un animal sauvage

celles de son milieu (régime alimentaire, température, taux d'humidité, etc.) (VOIR CI-DESSUS). Un grand nombre d'acquéreurs d'animaux exotiques dont le commerce est autorisé ne prennent conscience de ces nécessités que bien trop tard. Devant les contraintes, ils se débarrassent lâchement de leur animal. Récemment, un caméléon abandonné par un touriste en provenance de Guyane a ainsi été retrouvé dans les toilettes de l'aéroport d'Orly !

question d'enfant

QUE SE PASSE-T-IL SI ON RAMÈNE CHEZ SOI UN ANIMAL DONT LE COMMERCE EST INTERDIT ?

Chaque pays a sa propre législation mais en Europe, les peines sont sévères. Si une personne est arrêtée à la douane avec un animal vivant ou empaillé dont le commerce est interdit, elle risque une série de sanctions :

> **Une amende** dont le montant est souvent très élevé (en Autriche, elle peut atteindre plus de 30 000 €).

> **Des poursuites judiciaires**.

> **Une arrestation** si les animaux saisis sont nombreux et manifestement destinés à la vente.

En Irlande, une personne important des biens interdits est passible de 5 ans d'emprisonnement. Attention, cette réglementation concerne aussi les produits fabriqués sans autorisation avec des animaux protégés. Acheter un pull en laine de lama ou un instrument de musique en écaille de tortue peut-être considéré comme une infraction.

QUAND L'HOMME MODIFIE SON HABITAT

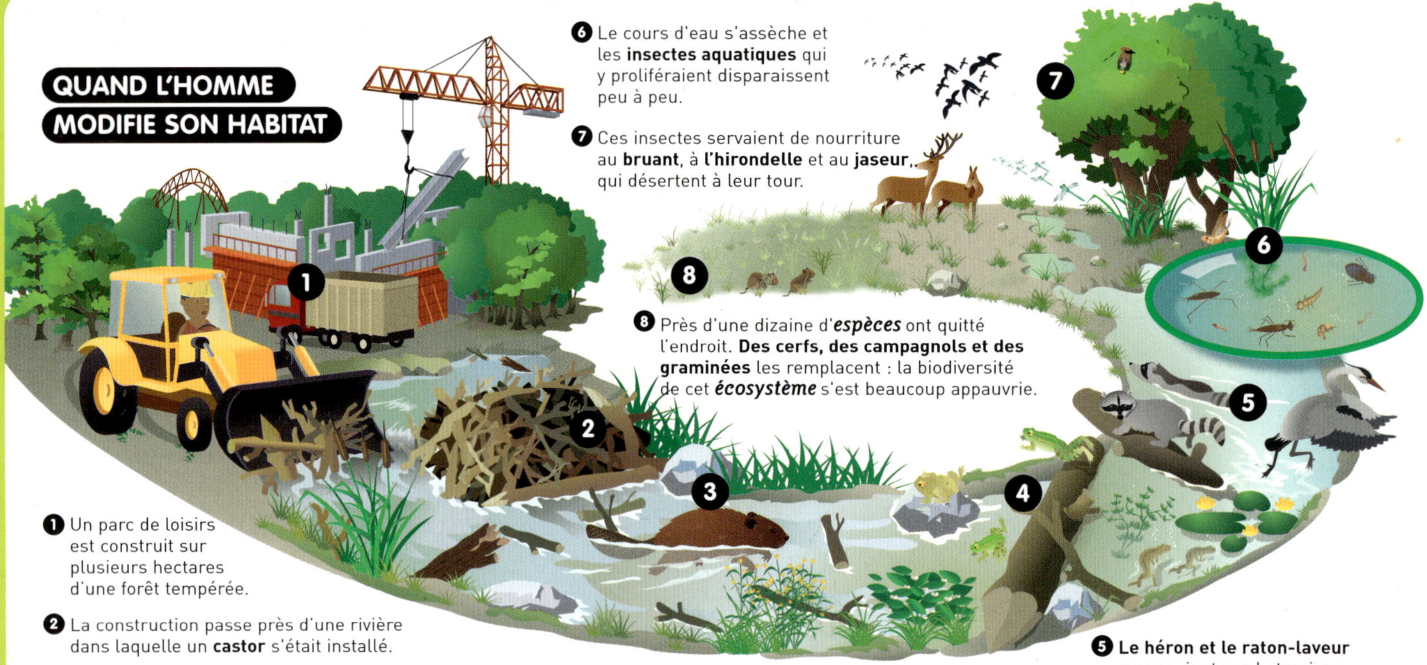

❶ Un parc de loisirs est construit sur plusieurs hectares d'une forêt tempérée.

❷ La construction passe près d'une rivière dans laquelle un **castor** s'était installé.

❸ Le castor s'enfuit quand les bulldozers détruisent ses **barrages.**

❹ **Crapauds, grenouilles et tritons** nichés dans les arbres abattus par le castor vont chercher un autre abri.

❺ **Le héron et le raton-laveur** mangeaient ces batraciens. Ils partent trouver leur nourriture ailleurs.

❻ Le cours d'eau s'assèche et les **insectes aquatiques** qui y proliféraient disparaissent peu à peu.

❼ Ces insectes servaient de nourriture au **bruant**, à **l'hirondelle** et au **jaseur**, qui désertent à leur tour.

❽ Près d'une dizaine d'***espèces*** ont quitté l'endroit. **Des cerfs, des campagnols et des graminées** les remplacent : la biodiversité de cet ***écosystème*** s'est beaucoup appauvrie.

Péril sur l'habitat

Non content d'exterminer les animaux par la chasse et le commerce et de les exclure de leur milieu naturel, l'homme peut mettre une espèce en péril en réduisant de jour en jour son habitat. En agrandissant ses surfaces cultivables, en construisant des voies de chemin de fer, en abattant des hectares de forêts (VOIR P. 47) ou en utilisant des ***pesticides*** qui protègent les plantations mais menacent la flore et la faune environnante, l'homme ne mesure pas toujours la portée de ses actes. Or, il faut savoir que lorsqu'il trace une autoroute dans la jungle, par exemple, l'homme détruit en quelques jours des milliers d'écosystèmes mis en place depuis des siècles. Et ces modifications ont des répercussions infinies.

La croissance démographique n'arrange rien : du dernier tigre de Java a disparu en 1980 alors que l'on dénombrait dans cette île indonésienne plus de 800 habitants au km^2...

L'apprenti sorcier

L'homme joue parfois avec le feu en introduisant, volontairement ou non,

des espèces exotiques qui bouleversent un écosystème. En important le cerf à queue noire sur les îles canadiennes de l'archipel de Haida Gwaï en 1878, les colons n'avaient pas prévu que ce ruminant allait manger toute la végétation inférieure à 1,50 m. Cette disparition a entraîné une diminution de la diversité des insectes et de leurs prédateurs, les oiseaux.

Les espèces introduites peuvent transmettre des maladies aux espèces locales. L'écrevisse américaine s'est ainsi avérée vorace et agressive. Elle a monopolisé les ressources alimentaires, mangé les œufs des poissons, décimé les étangs et transmis aux espèces locales la peste des écrevisses... Au final, cette espèce a fait de grands ravages et a remplacé peu à peu les espèces d'origine.

zoom

le commerce de la fourrure

Très rentable, le commerce de la fourrure fait chaque année des millions de victimes dans le monde. Pratiqué à outrance, il met en péril certaines espèces menacées.

Le commerce de la fourrure est en pleine expansion depuis le milieu des années 1990. Près de 40 millions d'animaux sont encore tués chaque année pour satisfaire aux exigences de la mode. Plus des deux tiers de ces animaux sacrifiés proviennent d'élevages où les animaux sont parqués puis tués dans des conditions épouvantables. En France, 180 000 visons provenant d'une vingtaine d'élevages sont encore les proies de la folie des hommes. Mais les visons, les renards et les ratons laveurs sont aussi victimes par millions des collets ou des pièges à mâchoires dissimulées dans la nature. Ce commerce est très difficile à éradiquer car il rapporte chaque année des centaines de millions d'euros. Certaines fourrures atteignent même des dizaines de milliers d'euros !

En Russie, plus de 100 000 animaux sont élevés en captivité pour le commerce de leur fourrure.

C'est le cas de l'Antilope du Tibet, dont la fourrure est utilisée pour tisser des châles d'une grande valeur. La beauté et la légèreté du poil de cet animal permettent d'obtenir des vêtements très chauds. Munis de fusils à répétition et de véhicules tout-terrain, les braconniers ont exterminé en quelques mois la moitié de cette espèce rare des hauts plateaux glacés du Tibet au milieu des années 1970. La communauté internationale a réussi à faire cesser ce massacre : chaque châle entraînait la mort de 3 à 5 antilopes et était vendu jusqu'à 35 000 euros ! Aujourd'hui, la population de l'antilope du Tibet est de nouveau en augmentation.

chiffres

Combien d'animaux pour un manteau de fourrure ?

Inestimables forêts

On compte encore près de 4 milliards d'hectares de forêts dans le monde, dont la moitié dans les zones tropicales. L'ensemble disparaît à vue d'œil : il est urgent de les protéger.

Une déforestation alarmante

Entre 2000 et 2005, la superficie de la forêt mondiale a perdu environ 7,3 millions d'hectares chaque année. La tendance a un peu ralenti : sur la période 1990-2000, 8,9 millions d'hectares étaient détruits tous les ans. Les causes de cette destruction massive sont nombreuses. La principale est la conversion de forêts en terres agricoles nécessaires à l'élevage intensif et aux cultures à forte production (les plantations de caféiers ou de cacaoyers sont bien plus rentables que le commerce de certains arbres pour leur bois).

Les organisations non gouvernementales (***ONG***) comme Greenpeace dénoncent aussi l'exploitation industrielle du bois. Des forêts entières sont rayées de la carte du monde en quelques mois pour fournir du bois de chauffage ou pour fabriquer des meubles et des charpentes de maison. Le dernier facteur important dans ce processus de déforestation est l'augmentation des incendies (VOIR P. 57).

chiffres

Répartition inégale des forêts dans le monde

Déforestation de la forêt amazonienne au Brésil, Amérique du Sud.

Un bien très précieux

Les hommes gèrent les forêts comme des ressources inépuisables que l'on peut piller à volonté. Or, les forêts sont fragiles et inestimables pour l'environnement. Elles sont utilisées pour leur bois, mais aussi pour fabriquer des résines, des fibres, des médicaments et des colorants. Elles constituent la plus extraordinaire réserve de ***biodiversité*** du monde (VOIR P. 34) et participent grandement à la protection des sols menacés par l'érosion (usure des sols). Elles jouent surtout un rôle majeur dans la préservation de la qualité de l'air grâce à la ***photosynthèse*** (VOIR P. 48), un processus naturel des plantes, qui associe le soleil, l'air et l'eau.

AGIR CONTRE LA DÉFORESTATION

Quelques gestes simples permettent de limiter le gaspillage du bois, en particulier pour les ***espèces*** menacées.

À la maison, vérifie que les meubles en bois exotique achetés par tes parents portent bien le label FSC (VOIR P. 28). Ce label garantit que le meuble n'a pas été construit avec une espèce menacée.

À l'école, utilise le verso des feuilles imprimées pour faire tes dessins ou comme brouillon. Incite aussi ton entourage à éviter de faire des photocopies quand cela n'est pas absolument nécessaire.

Quand tes parents achètent des livres, demande-leur de vérifier s'ils sont fabriqués avec du papier certifié FSC (avec des arbres provenant de forêts gérées dans les principes du développement durable).

La photosynthèse

Reforestation en Bourgogne (France). Attention fragile et précieux !

Au cours de ce processus élaboré, l'arbre, qui comme tous les végétaux verts contient de la chlorophylle, utilise l'énergie du Soleil pour fixer le gaz carbonique (CO_2) présent dans l'air. Il rejette ensuite de l'***oxygène*** (O_2). Dans le même temps, il absorbe de l'eau grâce à ses racines. Sous l'effet du rayonnement solaire, la chlorophylle transforme ce gaz carbonique et cette eau en matières organiques permettant le développement de l'arbre. C'est la ***photosynthèse***. Pendant sa période de croissance, l'arbre capte une quantité plus importante de gaz carbonique qu'une fois adulte. Quand des forêts sont plantées, l'ensemble des arbres emprisonne le CO_2 et forme un véritable « ***puits de carbone*** ».

Un atout mal exploité

Pour capter le maximum de carbone et freiner l'emballement de l'***effet de serre*** (VOIR P. 103), les écologistes prônent donc l'extension des forêts (nouvelles plantations) et le reboisement actif. La quantité de gaz carbonique fixée par les arbres d'une forêt varie selon sa densité et selon les ***espèces*** qui la composent. Dans les régions boréales, une nouvelle plantation capte 2,5 tonnes de gaz carbonique par hectare et par an. Dans les régions tempérées, ce sont 7,5 tonnes de gaz carbonique par hectare et par an qui sont capturées, pour 10 tonnes dans les régions tropicales. Le reboisement pourrait être particulièrement bénéfique dans les régions tropicales où la croissance de la végétation est rapide. Malheureusement, les dernières études ont montré que la capacité des forêts à stocker du carbone a diminué entre 1990 et 2005 en Afrique, en Asie et en Amérique du Sud.

PHOTOSYNTHÈSE ET RESPIRATION

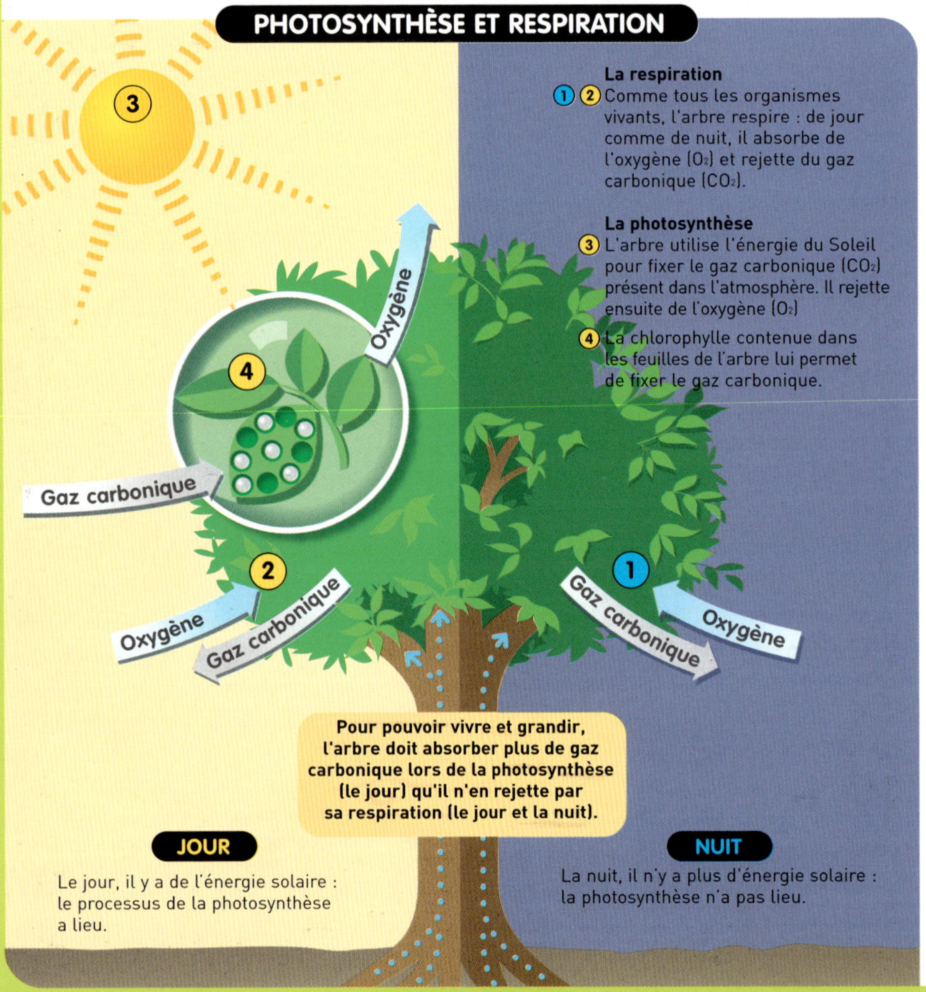

La respiration
1 2 Comme tous les organismes vivants, l'arbre respire : de jour comme de nuit, il absorbe de l'oxygène (O_2) et rejette du gaz carbonique (CO_2).

La photosynthèse
3 L'arbre utilise l'énergie du Soleil pour fixer le gaz carbonique (CO_2) présent dans l'atmosphère. Il rejette ensuite de l'oxygène (O_2)
4 La chlorophylle contenue dans les feuilles de l'arbre lui permet de fixer le gaz carbonique.

Pour pouvoir vivre et grandir, l'arbre doit absorber plus de gaz carbonique lors de la photosynthèse (le jour) qu'il n'en rejette par sa respiration (le jour et la nuit).

JOUR
Le jour, il y a de l'énergie solaire : le processus de la photosynthèse a lieu.

NUIT
La nuit, il n'y a plus d'énergie solaire : la photosynthèse n'a pas lieu.

zoom

La mort annoncée de l'Amazonie

1) La forêt amazonienne s'étend sur 7 millions de kilomètres carrés (plus de 10 fois la superficie de la France). Alors que les forêts européennes abritent en moyenne 6 espèces d'arbre différentes par hectare, on estime que ce chiffre passe à 200 par hectare dans la forêt amazonienne. Cette richesse biologique suscite bien des convoitises.

2) Au nord-ouest de l'Amérique du Sud, la forêt amazonienne est accolée aux immenses domaines agricoles brésiliens (qui produisent du soja, du riz, du coton...). Une voie tracée dans la forêt facilite l'accès aux ports de commerce du nord-est.

3) La route traverse parfois des réserves d'acajou, un beau bois rouge dont l'exploitation est interdite. Mais les trafiquants n'ont pas de scrupules : ils prélèvent en priorité ce bois précieux, qu'ils pourront vendre facilement.

4) À l'aide de bulldozers, des pistes de plus en plus nombreuses sont tracées, aplanies puis goudronnées. Les arbres sont abattus et brûlés. Les agriculteurs exportent plus facilement leurs marchandises, leurs productions agricoles augmentent et fragilisent les terres.

5) Les bûcherons créent d'immenses clairières le long de la route. Ils n'hésitent pas à détruire quantité d'espèces à coup de bulldozers pour trouver le « bon » arbre. La majorité des végétaux abattus ne sont pas exploités et pourrissent sur place.

6) Après le passage des bûcherons, des petits paysans viennent s'installer dans les clairières. Ils abattent encore les arbres qui gênent l'exploitation de ces parcelles. Ils mettent ensuite le feu pour accélérer la fertilisation des sols, et plantent du manioc, du riz ou du café.

7) De grands propriétaires rachètent les petites parcelles aux paysans. Ils créent ainsi d'immenses domaines sur des dizaines de kilomètres de part et d'autre de la route. Ils utilisent d'énormes machines et souvent beaucoup d'engrais chimiques afin que les récoltes soient vite rentables.

8) Selon les climatologues, la déforestation totale du bassin amazonien, véritable piège à carbone, se traduirait localement par un réchauffement de 0,5 à 2 °C. Les effets à distance sur les autres régions du monde ne sont pas connus avec certitude. Néanmoins, la plus belle réserve de biodiversité du monde est en péril.

Sauver la biodiversité

L'idée de protéger la biodiversité n'est pas nouvelle. Le premier **parc national** a été créé à Yellowstone, aux États-Unis, en 1872. Depuis, seulement 12 % de la surface de la Terre et moins de 1 % des océans sont sous protection. Il faut donc **protéger plus** et **protéger mieux**. Scientifiques et hommes politiques alertent régulièrement le monde sur la nécessité de **sauvegarder les écosystèmes**. Mais il est temps de transformer les grands discours en **actions concrètes**.

PROTECTION DE LA BIODIVERSITÉ : LES ACTEURS

L'ONU
coordonne les actions pour préserver la biodiversité biologique à travers le monde et rappelle par exemple que le sort de l'être humain dépend de celui des autres espèces.

L'Union Européenne
construit des programmes de protection des espèces sur son territoire.

Les gouvernements
contrôlent le commerce des espèces au sein de leur pays.

Les entreprises privées réduisent leurs nuisances sur le milieu.

Les pays
créent de grands parcs naturels où les espèces sont protégées.

Les associations de protection de la nature alertent le grand public sur les sujets sensibles.

Des chercheurs
surveillent les écosystèmes et communiquent leurs analyses.

Les enfants et les adultes
se conduisent en dignes écocitoyens.

Éruption volcanique

Tornade

Séisme

3.

Aide internationale

Se protéger des catastrophes naturelles

Inondation

Prévention

Chaque année, des ***catastrophes d'origine naturelle*** tuent des dizaines de milliers de personnes et dévastent des régions entières. Face à cela, les hommes peuvent améliorer leur ***connaissance des dangers*** et développer les moyens de ***prévention***. Ils doivent aussi renforcer les ***actions de solidarité internationales*** pour aider les plus démunis. Car les catastrophes naturelles frappent les populations de manière ***très inégale*** : les principales victimes vivent en grande majorité dans les pays en développement.

Les colères de la nature

Sur 100 personnes dans le monde, 75 vivent dans des régions qui ont été touchées par une catastrophe naturelle au moins une fois depuis 1980 !

question d'enfant

Y A-T-IL PLUS DE CATASTROPHES NATURELLES QU'AVANT ?

Les scientifiques ne sont pas d'accord entre eux ! Ce qui est sûr, c'est qu'elles sont plus médiatisées. Faute de radio ou de télévision, le terrible ***tsunami*** de 2004 n'aurait pas été connu au fin fond de la France au XIXe siècle. En revanche, les catastrophes actuelles sont plus destructrices : Les hommes, de plus en plus nombreux, sont regroupés dans les villes (VOIR P. 22), la ***déforestation*** favorise les glissements de terrain et les ***avalanches***…

Qu'est-ce qu'une catastrophe naturelle ?

Pour les scientifiques, un phénomène naturel brutal peut être qualifié de « catastrophe » quand les hommes ne peuvent y faire face tout de suite – comment s'opposer à un tsunami ou calmer une ***tempête*** ? – et qu'il entraîne des dommages humains, matériels et environnementaux quantifiables. Un tremblement de terre au cœur de New York serait une catastrophe naturelle ; ce ne serait pas le cas s'il survenait dans les dunes du Sahara.

Certaines ***catastrophes naturelles*** sont causées par l'activité interne de la Terre (tremblements de terre, éruptions volcaniques…), d'autres sont liées à des phénomènes climatiques (***tempêtes,*** inondations, ***avalanches***…). Mais un feu de forêt dévastateur, une longue période de sécheresse ou une invasion de criquets sont aussi qualifiés de catastrophes « naturelles » si leurs nuisances sont importantes. On oppose les catastrophes « naturelles » aux catastrophes « technologiques », causées par l'homme : accident ***nucléaire*** (VOIR P. 74), ***marée noire*** (VOIR P. 106), rupture de barrage (VOIR P. 78), etc. Parfois, les deux types de catastrophes se combinent : un ***séisme*** peut déclencher un incendie dans une usine de produits chimiques qui polluera gravement l'environnement.

Prévenir la catastrophe

Dans le monde entier, les données concernant les risques naturels sont collectées par des scientifiques. Ces informations leur permettent de dessiner les cartes des « zones à risques ». Les autorités peuvent alors informer les populations concernées des dangers encourus et mettre en œuvre les dispositions

chiffres

Les catastrophes les plus meurtrières *par type de risques*

Séisme	Tsunami	Cyclone	Tempête	Éruption volcanique	Sécheresse
Chine, 1976	Océan Indien, 2004	Bangladesh, 1970	Nord de l'Europe, 1953	Indonésie, 1815	Éthiopie, 1968-1973
290 000 morts	230 000 morts	400 000 morts	2 000 morts	92 000 morts	200 000 morts

pour limiter les dommages d'une éventuelle catastrophe.

Elles doivent aussi organiser une surveillance permanente des zones à risques afin de pouvoir alerter les populations en cas de crise. Cela suppose des moyens adaptés (liaison radio, internet, sirènes, haut-parleurs) et des signaux clairement identifiés (il vaut mieux ne pas avoir les mêmes sirènes pour les incendies et les ***cyclones***).

Enfin, les autorités doivent se préparer à gérer la crise. Elles doivent former des secouristes, des pompiers et des médecins, et s'équiper de moyens de secours (ambulances, hélicoptères…). Cette prévention a un coût important, et les ***pays en développement*** ont rarement la possibilité de la mettre en place sans avoir recours à l'aide internationale.

L'inégalité face aux catastrophes naturelles

Bien que les pays en développement soient moins exposés aux risques naturels que les pays industrialisés (ils ont subi 20 % des catastrophes naturelles entre 1992 et 2001), ils comptent autant de victimes. Les raisons de cette vulnérabilité sont nombreuses : les habitants des régions les plus pauvres sont généralement concentrés dans des villes mal aménagées et logés dans des bâtiments fragiles. Dans ces pays, les autorités n'ont pas les moyens de mettre en place un système de prévention ou d'information avant la crise, ni d'intervenir après l'événement.

Cette inégalité se retrouve aussi, dans les pays riches, entre les populations aisées et les pauvres. Ainsi, en août 2005, lorsque le sud des États-Unis a été dévasté par l'ouragan Katrina, la majorité des 1 300 victimes était pauvre et noire. La population la plus favorisée, mieux informée et motorisée, avait fui les villes inondées après la rupture de plusieurs digues.

Inondation
Chine, 1959
100 000 morts

Feu de forêt
Australie, 1983
76 morts

Face à la catastrophe

Les secouristes soignent les blessés légers. Certaines victimes ont besoin de parler pour être rassurées après le traumatisme qu'elles ont vécu.

Les blessés les plus gravement atteints sont transportés d'urgence par hélicoptère ou en ambulance vers des hôpitaux spécialisés.

Pendant plusieurs jours, les sauveteurs, aidés de chiens spécialement entraînés, recherchent les gens qui pourraient être ensevelis sous les décombres.

Les personnes valides sont relogées dans des villages de tentes ou dans des habitats de fortune. Certaines ont tout perdu dans la catastrophe.

Pour nourrir ou soigner les victimes dans les meilleures conditions, il faut de l'argent. Dans le monde entier, les appels aux dons se multiplient.

On a aussi besoin d'argent pour reconstruire des logements, des bureaux, des magasins, des routes ou encore des circuits d'eau potable.

L'aide internationale

Après une catastrophe d'envergure, les autorités locales sont confrontées à une multitude d'obligations : il faut soigner les blessés, assurer l'accès à l'eau potable, nourrir la population qui a tout perdu mais également enterrer les victimes pour empêcher la propagation des épidémies. Il faut aussi poursuivre la recherche des disparus, reloger les sans-abri et protéger les populations contre les pilleurs.

À la demande des États frappés par une catastrophe, une solidarité internationale se met en place rapidement. Les premiers appelés sont les pompiers, les médecins, les associations spécialisées dans l'assistance d'urgence. Il s'agit d'abord de sauver des vies. Puis viennent les organisations et associations capables de nourrir les populations, de les soutenir psychologiquement et financièrement (achat de produits de première nécessité comme des couvertures, des matelas, du savon). Et enfin, les organismes compétents pour les aider à reconstruire leurs logements, mais aussi leur économie (prêts sans intérêts...) car trop souvent, les catastrophes interrompent des processus de développement en cours, effaçant en quelques heures des années d'efforts.

L'humanitaire en question

Suite à une catastrophe, les organisations internationales, les pays riches et les particuliers sont sollicités par des appels à la générosité. Il faut ensuite gérer ces sommes sans se précipiter ni tarder. Rien n'est simple. Par quelle région commencer ? Quels bâtiments (hôpital, école, mairie...) privilégier ? Quel secteur économique (la pêche, l'agriculture, le commerce...) favoriser ? Ces choix doivent être faits dans un contexte toujours difficile. Des ***catastrophes naturelles*** peuvent dévaster plusieurs pays simultanément ou toucher des États engagés dans des conflits. Il faut aussi rendre des comptes aux donateurs et surveiller chaque euro pour éviter la corruption et le détournement de fonds.

Une autre interrogation concerne la légitimité de cette solidarité. Certains soupçonnent l'action humanitaire de servir la politique des États : aux yeux de ces critiques, aider un pays en crise permet de lier avec lui de bonnes relations qui peuvent être utiles dans le futur. Comment refuser son ***pétrole*** à un pays qui a sauvé une partie de votre population ? Les partisans de l'aide humanitaire ne sont pas dupes de cette relation entre intérêt et générosité. Mais faut-il laisser mourir des milliers de personnes pour ne pas être suspecté d'avoir des arrière-pensées ?

zoom Les feux de forêts

Chaque année, dans le monde, plus de 350 millions d'hectares de bois partent en fumée : l'équivalent de la superficie de l'Inde !

Bien que les feux de forêts puissent avoir des causes naturelles (la foudre, par exemple), 90 % d'entre eux sont dus aux hommes : comportements imprudents ou stupides, travaux agricoles ou forestiers mal contrôlés, ruptures de lignes électriques… Les feux de forêts sont beaucoup moins meurtriers que la plupart des autres *catastrophes naturelles*, mais ils ont un coût considérable car ils détruisent des bois de grande valeur, des zones d'habitation et des réseaux de communication.
Selon l'ONU, le montant de la destruction des espaces forestiers et de la lutte contre les incendies s'élèverait à plusieurs milliards d'euros chaque année alors que ces feux sont les catastrophes les plus faciles à éviter.

Les feux de forêts dévastent en quelques jours des *écosystèmes* quand ils ne causent pas la disparition d'*espèces* uniques au monde (VOIR P. 40). Globalement, ils ont un impact considérable sur les émissions de gaz à *effet de serre* dans l'*atmosphère* (VOIR P. 103).
Pour limiter ces dangers, la prévention repose surtout sur l'aménagement et l'entretien des espaces forestiers, la surveillance des zones à risques et l'information des populations sur leurs responsabilités.

Informer le public
On donne des consignes de prudence aux promeneurs. Il ne faut pas :

1. allumer des feux hors des zones autorisées
2. abandonner des objets en verre
3. jeter des cigarettes mal éteintes
4. aller en forêt aux périodes à fort risque d'incendie

Surveiller les zones à risques

5. Être attentif à la température et au type de végétation, facteurs de risques
6. Redoubler de vigilance à proximité d'une zone habitée, d'une voie ferrée ou d'une ligne électrique

Aménager les espaces forestiers

7. Créer une zone coupe-feu
8. Débroussailler régulièrement
6. Aménager un point d'eau et des pistes pour faciliter l'intervention des pompiers

Quand la Terre tremble

Chaque année, la Terre connaît des dizaines de séismes et d'éruptions volcaniques. Ce sont les catastrophes naturelles les plus meurtrières.

info+

MESURER UN SÉISME

La quantité d'énergie libérée par un *séisme*, la magnitude, est mesurée sur l'échelle de Richter qui va de 1 (plusieurs milliers par jour) à 9 (2 par siècle). Chaque année, dans le monde, 15 000 séismes de magnitude supérieure à 4 sont enregistrés et 20 de magnitude supérieure à 7. Entre 2 degrés (de 6 à 7 par exemple), l'énergie libérée est multipliée par 30 !

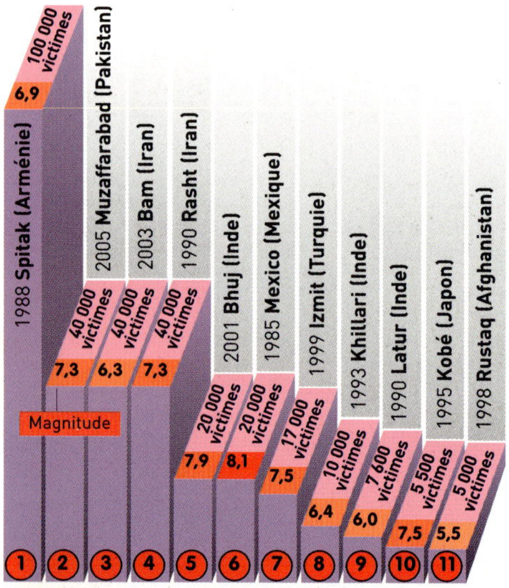

LES SÉISMES LES PLUS MEURTRIERS DE CES 20 DERNIÈRES ANNÉES

Les séismes

Liés à la ***tectonique des plaques*** (VOIR P. 9), les ***séismes***, ou tremblements de terre, sont la conséquence de la libération brutale de l'énergie, accumulée durant une longue période dans le sous-sol, par les déplacements des plaques de la croûte terrestre. Cette énergie peut atteindre dans les cas extrêmes une puissance dix millions de fois supérieure à celle de la bombe atomique lâchée sur Hiroshima en 1945. Les zones à risques sismiques sont localisées le long de failles de la croûte terrestre comme la région de San Andreas en Californie, qui marque la limite entre la plaque continentale nord-américaine et la plaque Pacifique.

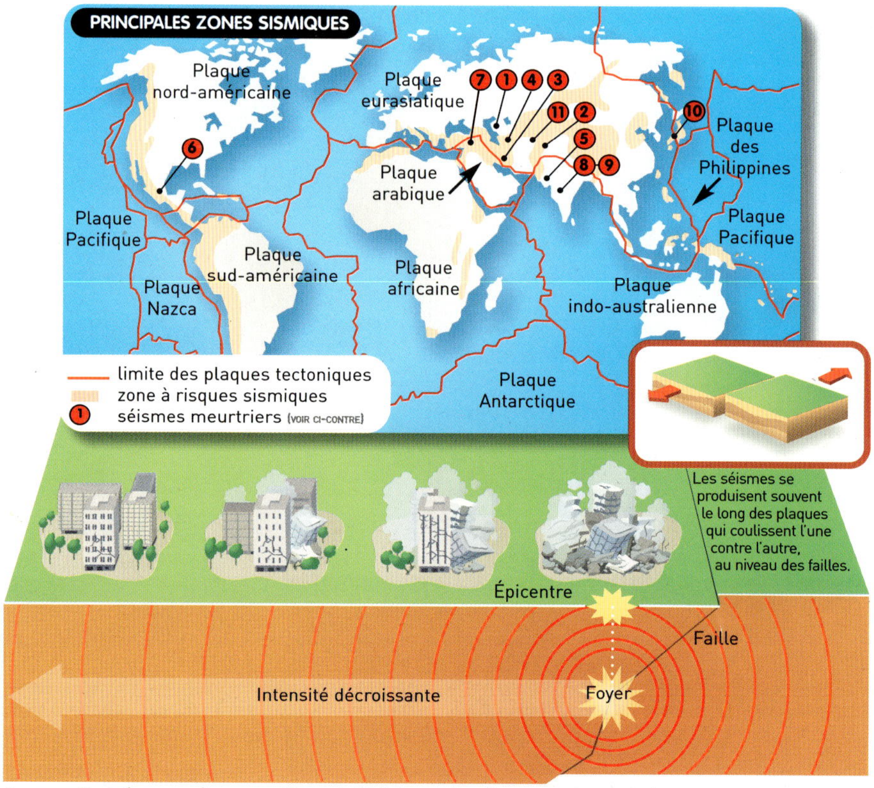

La magnitude (VOIR INFO +) mesure l'énergie libérée par le séisme au niveau du foyer.

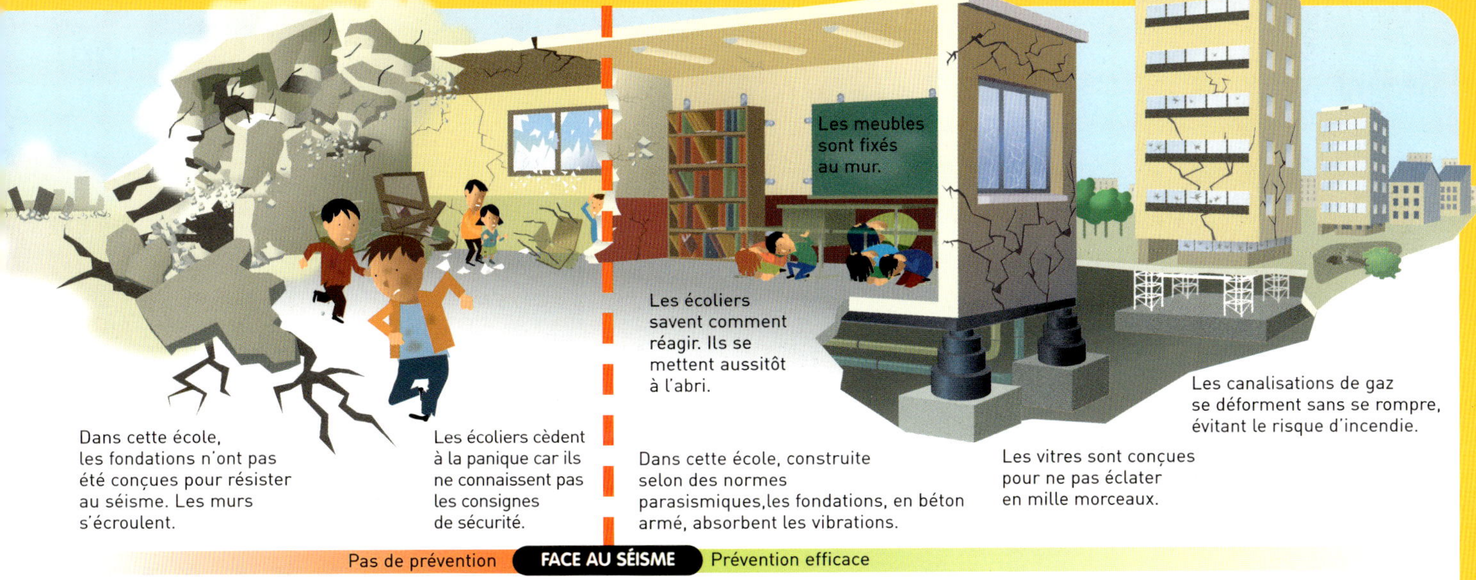

Le déplacement latéral ou vertical des roches le long d'une faille provoque de violentes secousses qui, en surface, peuvent causer d'importants dégâts matériels (destruction de bâtiments, de ponts, de routes...), voire provoquer d'autres catastrophes naturelles (éruption volcanique, ***tsunami***, incendie...). Ainsi, lors du tremblement de terre de San Francisco en 1906, la rupture des canalisations de gaz a entraîné un gigantesque incendie qui a ravagé 28 000 immeubles.

Dans les zones à risques, la prévention s'articule autour de la connaissance des séismes passés (elle permet par exemple de repérer les zones les plus dangereuses), la préparation des populations et des services de secours, et surtout l'application de règles parasismiques pour la construction des bâtiments nouveaux ou la consolidation des anciens. Ces mesures sont très onéreuses pour les ***pays en développement***, mais elles sont efficaces. En décembre 2003, un séisme de 6,5 degrés sur l'échelle de Richter a causé la mort de 40 000 personnes en Iran, où les bâtiments n'étaient pas protégés, alors qu'il n'y avait eu qu'une victime deux mois plus tôt sur l'île japonaise d'Hokkaido qui avait enregistré un séisme de 8 degrés.

Les volcans

Les éruptions volcaniques sont une autre manifestation de l'activité interne de la Terre. La plupart des volcans se situent à la frontière des plaques tectoniques : leur écartement ou leur rencontre favorise la remontée du magma (des roches fondues) vers la surface de la Terre. Toutefois, certains naissent au milieu des plaques comme les volcans des îles Hawaï ou des Canaries.

Selon la structure du volcan et la nature du magma, les éruptions peuvent être effusives ou explosives : les premières se produisent lorsque le magma est pauvre en gaz. Elles donnent lieu à des coulées de lave.

PRINCIPAUX DANGERS LIÉS AUX ÉRUPTIONS VOLCANIQUES

Tous les jours, un volcan entre en éruption quelque part dans le monde.

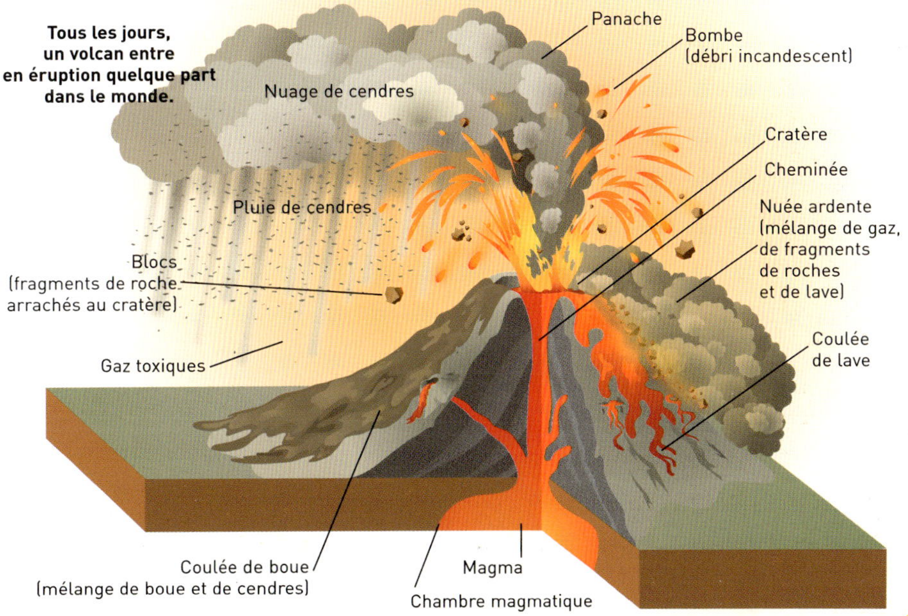

L'évacuation de la population, quelques semaines avant **l'éruption du mont Pinatubo**, en juin 1991, a permis de sauver plusieurs milliers d'habitants.

Beaucoup plus dangereuses, les éruptions explosives se produisent lorsque le magma est riche en gaz et explose à la surface, projetant des blocs de pierres et des cendres à des kilomètres. Elles peuvent provoquer de redoutables nuées ardentes, des nuages de cendres brûlantes et de gaz qui dévalent les pentes des volcans, détruisant tout sur leur passage, et des coulées de boue (ou lahars) qui se forment lorsque de fortes précipitations tombent sur les cendres volcaniques.

L'activité des volcans les plus actifs est surveillée en permanence. Les scientifiques suivent notamment les variations de la pente et de la température du volcan, la nature des gaz qui s'en échappent et la fréquence des secousses, autant de signes d'une éruption imminente.

Des digues construites sur le flanc des volcans permettent parfois de contenir les éruptions effusives : les coulées de lave sont alors dirigées vers les zones non habitées et les océans. Mais face aux éruptions explosives, comme celle du mont Pinatubo (Philippines), en 1991, l'une des plus violentes du XXe siècle, la seule solution est d'évacuer les populations.

Les tsunamis

Un tremblement de terre ou une éruption volcanique qui se produisent à proximité d'un océan provoquent parfois un ***tsunami*** : c'est le cas du ***séisme*** de Papouasie-Nouvelle-Guinée en 1998 ou de l'éruption du Krakatau en 1883. Nées dans les profondeurs aquatiques, ces vagues géantes se propagent à très grande vitesse (jusqu'à 800 km/h) à des milliers de kilomètres (VOIR CI-DESSOUS). Ainsi, un séisme au Chili peut provoquer un tsunami au Japon.

Dans certaines zones comme le Pacifique, un système a été mis en place pour protéger les populations de ces vagues tueuses : des capteurs déposés au fond de l'océan et reliés à des bouées en surface détectent les secousses et les déplacements d'eau anormaux. Dès la formation des premières vagues, un scientifique de garde alerte les autorités pour informer qu'un tsunami se dirige vers les côtes.

Hélas, ces mesures de prévention ne sont pas mises en place de façon systématique dans les zones à risques. Le 26 décembre 2004, plusieurs pays asiatiques ont été ravagés par un tsunami provoqué par un séisme centré sur l'île de Sumatra. Selon les bilans officiels, il aurait fait 220 000 victimes. L'ampleur de la catastrophe s'explique par l'intensité exceptionnelle du séisme (une magnitude 9 sur l'échelle de Richter), mais aussi par l'absence de mesures locales de détection et de dispositif d'alerte des populations dans l'océan Indien.

FORMATION D'UN TSUNAMI

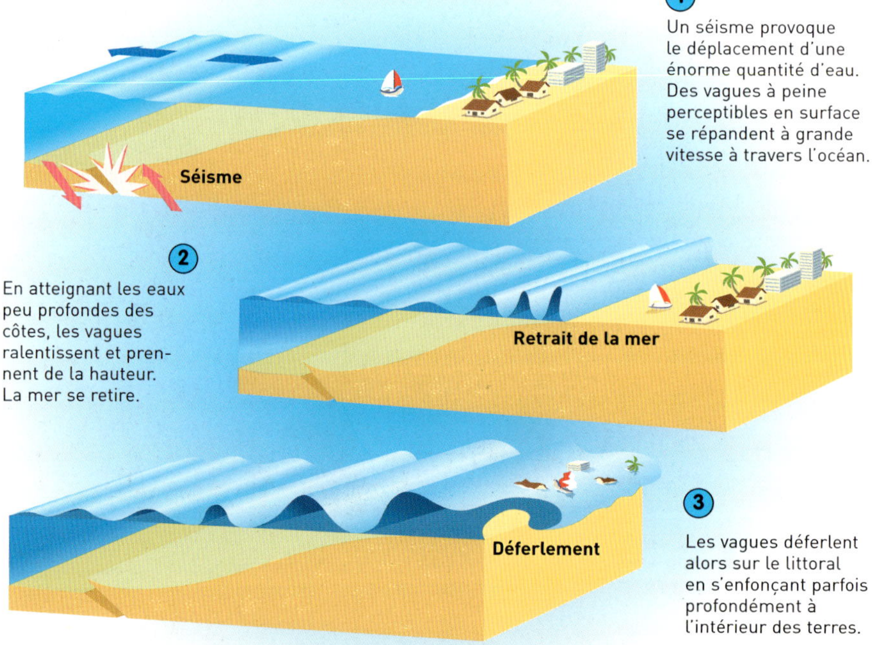

1 Un séisme provoque le déplacement d'une énorme quantité d'eau. Des vagues à peine perceptibles en surface se répandent à grande vitesse à travers l'océan.

2 En atteignant les eaux peu profondes des côtes, les vagues ralentissent et prennent de la hauteur. La mer se retire.

3 Les vagues déferlent alors sur le littoral en s'enfonçant parfois profondément à l'intérieur des terres.

Quand le ciel se déchaîne

Vents, inondations, vagues de sécheresse, avalanches... Les catastrophes climatiques font chaque année des dizaines de milliers de victimes.

Des vents dévastateurs

Un ***cyclone*** (on l'appelle « typhon » dans le Pacifique nord-ouest et « ouragan » dans l'Atlantique Nord et le Pacifique nord-est et sud-ouest) suppose chaleur et humidité. Quand la température atteint 26 °C sur les mers tropicales, de la vapeur d'eau s'élève en tourbillonnant et se déplace vers les côtes à une vitesse allant de 150 km à 300 km/h. En atteignant les terres, cette masse d'air de 500 à 1 000 km de diamètre dévaste tout sur son passage.

Non tourbillonnantes et moins violentes, les ***tempêtes*** sont dues à la rencontre d'une masse d'air chaud et d'une masse d'air froid. Les vents prennent de la vitesse à la frontière des deux masses (VOIR P. 13) et peuvent dépasser 200 km/h en rafales.

La ***tornade***, quant à elle, est une colonne d'air tournante très violente qui relie un nuage au sol, comme une cheminée aspirante. Elle ne dure que quelques minutes et ses

Une tornade au Kansas (États-Unis) en 2004

FORMATION D'UNE TORNADE

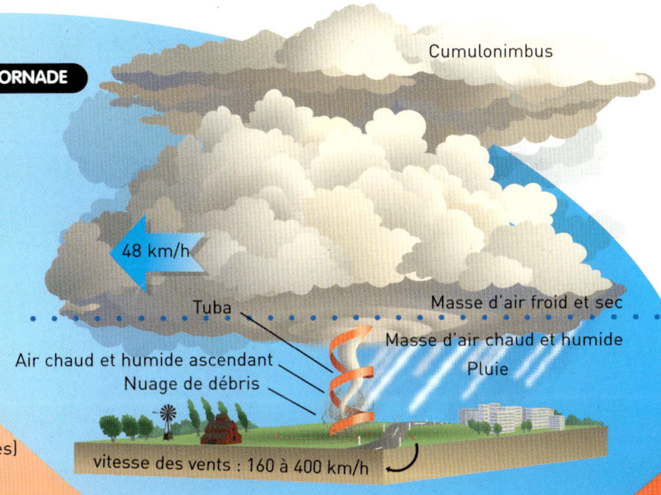

FORMATION D'UN CYCLONE

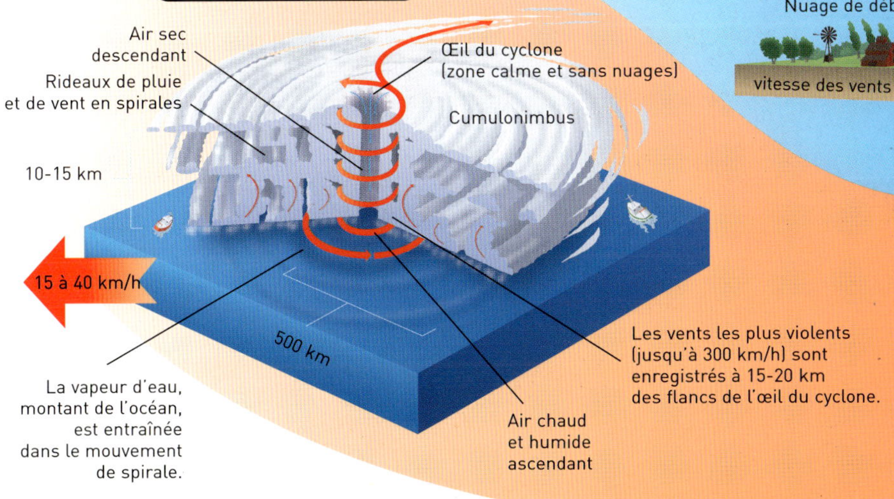

Un ouragan à Tucson (Arizona, États-Unis) en août 2004

question d'enfant

PEUT-ON EMPÊCHER LA FORMATION DES CYCLONES ?

Des tentatives ont été réalisées dans les années 1960. L'idée était de bombarder par avion des minuscules particules métalliques au-dessus des ***cyclones*** en formation afin de renvoyer les gouttelettes d'eau vers l'océan. Mais cette tentative a échoué…

dégâts sont très localisés.

Les conséquences de ces vents violents qui peuvent arracher les toits des maisons ou souffler les baies vitrées sont parfois dramatiques. La projection d'objets et la chute d'arbres font régulièrement des victimes. Les effets sur la nature peuvent être directs (les tempêtes de 1999, en France, ont détruit 500 000 hectares de forêts…) ou indirects (certaines pollutions sont dues à des naufrages ou des dégâts sur des bâtiments de stockage de produits dangereux).

La protection contre les ***cyclones*** et les ***tempêtes*** repose surtout sur la surveillance météorologique qui permet d'alerter les populations plusieurs heures avant leur passage.

Sécheresse et désertification

Si, comparée à d'autres ***catastrophes naturelles***, la sécheresse n'est pas « fulgurante », elle n'en a pas moins des conséquences dramatiques pour les 220 millions de personnes qui y sont exposées chaque année. Le manque d'eau, l'impossibilité de cultiver sur des terres arides et l'avancée du désert entraînent la pauvreté, la famine et des déplacements de population. Selon l'***ONU***, entre 1980 et 2000, plus de 800 00 morts, dans le monde, sont liées à des sécheresses. L'Éthiopie, la Somalie et le Mozambique ont été les pays les plus touchés pendant cette période.

La lutte contre la ***désertification*** passe par une meilleure gestion de l'eau (VOIR P. 92 - 99), mais aussi une protection des sols par des reboisements, l'utilisation d'engrais naturels comme le compost (VOIR P. 112) et la construction de barrières pour stabiliser les dunes de sable.

Vague de sécheresse en Éthiopie, en 1980

chiffres

Les records de la nature

371 km/h
Vitesse du vent sur le mont Washington (États-Unis) en 1934

193 cm
de neige en 24 h à Silver Lake (États-Unis) en 1921

350 jours
de pluie par an à Hawaï, soit 12 m d'eau déversée

58 °C
dans le désert libyen en 1922

– 89 °C
à Vostock (Antarctique) en 1983

Inondations en Inde, en septembre 2005, suite à de violents orages.

Les inondations

Les inondations constituent chaque année la moitié des catastrophes naturelles mondiales. Elles touchent près de 200 millions de personnes en moyenne et font 20 000 victimes. Ces ***crues*** peuvent se former à la suite de phénomènes climatiques cycliques, comme la mousson et la fonte des glaciers, ou ponctuels, comme la formation de cyclones. Mais les crues se trouvent parfois aggravées par des interventions humaines. Ainsi, en cimentant les sols et en goudronnant les routes, l'homme renforce les problèmes d'écoulement des eaux.
Et en construisant des barrages trop fragiles, ils courent parfois à la catastrophe : en 1979, la rupture du barrage de Morvi, en Inde, a fait 30 000 victimes.

La protection la plus efficace contre les inondations consiste à surveiller en permanence les précipitations (pluies, neige...) et le débit des affluents, dans les zones à risques (près des fleuves, par exemple). Parallèlement, on peut aménager des talus ou des fossés pour retenir les eaux ou ralentir le ruissellement.
Pour les zones souvent inondées, on creuse des bassins de stockage entourés de digues pour stocker les eaux temporairement.
Mais le mieux est encore d'éviter d'urbaniser les zones inondables, quand cela est possible.

Les avalanches

Une ***avalanche*** est le déplacement d'une masse de neige sur une pente à une vitesse variant de quelques mètres par seconde (environ 10 km/h) à plus de 100 m/s (plus de 350 km/h). Causée par différents facteurs comme le poids de la neige, le vent ou le passage d'un skieur, une avalanche peut tout dévaster sur son passage. Dans le monde, 500 personnes en sont victimes chaque année.

Grâce à la connaissance des conditions météorologiques et à l'analyse de la neige, on peut déterminer les périodes à risque d'avalanche et informer la population. Par ailleurs, on construit des murs pour sécuriser les habitations et le domaine skiable, et on plante des résineux pour stabiliser le manteau neigeux. Depuis les années 1960, avec le développement des stations de ski, les montagnards limitent les dégâts en provoquant volontairement des avalanches avant que la masse neigeuse ne soit trop importante.

Avalanches dans les Alpes suisses, en février 1999.

Se protéger de la nature

Tsunami en Extrême-Orient en 2004, tremblement de terre au Cachemire ou inondation aux États-Unis en 2005, la liste des victimes des catastrophes naturelles ne cesse de s'allonger. Les hommes ont compris qu'il était impossible de maîtriser totalement la nature. Mais ils n'ont plus le droit d'invoquer la fatalité au moment de la catastrophe et de se reposer sur la providence pour limiter les dégâts. Il est aujourd'hui urgent d'agir et de **diffuser les bonnes pratiques** mises en place dans les pays riches face aux catastrophes naturelles : **se préparer en amont et savoir réagir le moment venu**. C'est pour mobiliser les élèves et les professeurs à travers le monde que l'ONU a créé la **journée internationale pour la prévention des catastrophes**, le deuxième mercredi d'octobre.

S'INFORMER

Lorsque l'on habite dans une zone à risques, il faut bien connaître les signes caractéristiques qui annoncent les catastrophes naturelles. Ce sera plus facile de réagir s'il le faut !

L'information sur les risques majeurs auxquels est soumise l'école peut être apprise en cours de géographie, de sciences naturelles ou d'éducation civique. Il peut être utile de connaître les caractéristiques des principales ***catastrophes naturelles***, même si l'on ne vit pas dans une zone à risques.

En 2004, Tilly, une petite Anglaise de 10 ans, a sauvé la vie d'une centaine de personnes à Phuket en Thaïlande. En cours de géographie, elle avait appris que la mer se retirait pendant 10 minutes avant que le ***tsunami*** ne s'abatte sur le littoral.

Si on ne peut évacuer le bâtiment, lors d'une catastrophe, il faut pouvoir se mettre à l'abri. Nous allons parcourir l'école pour trouver le lieu le plus approprié.

Il faut qu'il y ait **un point d'eau** et des sanitaires si on doit attendre longtemps.

S'ORGANISER

Dans chaque école, il est recommandé de se préparer à l'éventualité d'une catastrophe. Bien sûr, cette préparation peut servir aussi en dehors de l'école !

En France, les établissements scolaires doivent élaborer **un plan particulier de mise en sûreté** (PPMS) qui fait le point sur les risques locaux (inondations, ***séismes***, ***tempêtes***, explosions...) et sur la manière de les affronter.

Se protéger des inondations

- Couper l'électricité et le gaz.
- Se réfugier dans les étages.
- Ne pas quitter l'école sauf si l'on y est forcé.

Au Tadjikistan (Asie centrale), pays régulièrement touché par des inondations et des glissements de terrain, les collégiens apprennent à réagir aux catastrophes naturelles et à administrer les premiers soins.

l peut être utile de connaître s gestes de **premier secours**.

Bouche-à-bouche

Massage cardiaque

Se protéger des cyclones et des tempêtes

- Repérer les endroits les plus résistants du bâtiment (pièce centrale, cage d'escalier...) et s'y réfugier.
- S'éloigner des fenêtres pour éviter d'être blessé par un objet emporté par le vent.
- Attendre les secours et rester groupés.

Aux Antilles, les élèves sont plus spécialement entraînés à réagir aux vents violents, qu'ils subissent une dizaine de fois par an.

S'ENTRAÎNER

Lors d'une catastrophe, les autorités se mobilisent pour venir en aide aux populations. Mais il est capital de connaître « les gestes qui sauvent » en attendant les services de secours. Le mieux est d'organiser un exercice de simulation par an, adapté aux risques locaux.

Se protéger des séismes

Pendant la secousse

- Se placer dans l'angle de 2 murs, sous des meubles ou dans l'encadrement d'une porte.
- S'éloigner des fenêtres.

Après la secousse

- Évacuer le bâtiment.
- Ne jamais prendre les ascenseurs.
- À l'extérieur : ne pas rester sous des fils électriques ou sous un pont.
- Ne jamais toucher aux fils électriques ou téléphoniques qui pendent.

Au Japon, le 1er septembre, jour anniversaire du séisme de 1923 dans la région de Tokyo (140 000 morts), on fait des exercices dans toutes les écoles.

ÉCOLE

Prévoyez **une trousse de pharmacie**, **une radio** pour écouter les consignes des autorités et **une lampe de poche**. Et il ne faut pas oublier les piles !

Mettez-vous bien d'accord sur la façon de prévenir **les secours**, les autorités, mais aussi les familles !

Se protéger des tsunamis

- *Quitter le plus vite possible le littoral, si cela est possible, sinon se réfugier sur les hauteurs.*
- *Ne pas redescendre avant l'arrivée des secours.*

Se protéger des avalanches

- Essayer de s'accrocher à un élément fixe et solide pour éviter d'être emporté.
- S'efforcer de créer une poche d'air au niveau de sa tête.
- Émettre des sons brefs et aigus pour aider les secouristes.

Se protéger des feux de forêts

- Évacuer si cela est possible.
- Si on est bloqué par le feu, respirer à travers un linge humide en attendant les secours.
- Dans un bâtiment bien protégé, fermer et arroser les volets, les portes et les fenêtres. .

Surconsommation

Énergies fossiles

4.

Nucléaire

Mieux gérer l'énergie

Biogaz

Énergie solaire

Grâce aux ***énergies fossiles***, les hommes ont beaucoup amélioré leurs conditions de vie depuis deux siècles. Aujourd'hui, le pétrole, le charbon et le gaz représentent ***95 % de l'énergie consommée dans le monde !*** Résultat, les réserves s'épuisent et les rejets de CO_2 dans l'atmosphère ont une incidence sur le ***réchauffement de la planète***. ***Les énergies alternatives*** (solaire, éolienne) sont inépuisables et propres, mais elles ne pourront pas remplacer les énergies fossiles avant longtemps. Quant au recours au nucléaire, il ne fait pas l'unanimité !

Le défi de l'énergie

Les énergies fossiles représentent l'essentiel de l'énergie consommée dans le monde. Or, on sait qu'il faut désormais limiter leur utilisation. Quelles sont les alternatives possibles ?

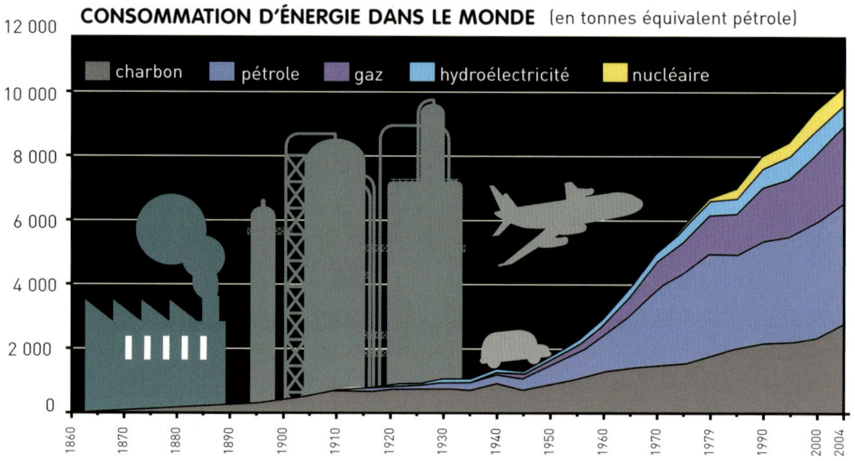

Une augmentation de la consommation d'énergie

Depuis un demi-siècle, les besoins énergétiques ont considérablement augmenté en raison de l'accroissement de la population mondiale (VOIR P. 22) et de l'***industrialisation***. La consommation mondiale a quintuplé depuis 1950 (VOIR CI-CONTRE) et, compte tenu du développement spectaculaire de pays comme l'Inde, la Chine, ou le Brésil, elle devrait encore augmenter de plus de 50 % d'ici 2030, si l'on en croit l'Agence internationale de l'énergie.

Aujourd'hui, cette consommation repose sur les ***énergies fossiles*** : ***pétrole*** (38 % de la consommation), ***charbon*** (32 %) et ***gaz naturel*** (26 %). Le ***nucléaire*** (2 %) et les ***énergies renouvelables*** (2 %) arrivent loin derrière. Aucune énergie n'est encore capable d'assurer la relève des énergies fossiles pour un prix comparable. Or, au-delà du problème des réserves qui s'épuisent, cette consommation intensive d'énergies fossiles crée une forte pollution atmosphérique et renforce l'***effet de serre*** (VOIR P. 103).

Maîtriser l'énergie

Les sommets de la Terre (VOIR P. 26) ont démontré que la planète devait être protégée des pollutions causées notamment par les énergies fossiles. D'où l'intérêt que l'on porte aux énergies renouvelables et propres comme l'***énergie solaire*** (VOIR P. 76) et la ***biomasse*** (VOIR P. 79), ou à la ***cogénération*** (VOIR P. 83), qui permet d'exploiter au maximum chaque production d'énergie : selon ce principe, la vapeur peut à la fois chauffer et produire de l'***électricité***.

Ces énergies alternatives ne pourront pourtant pas remplacer les énergies fossiles : leur production est trop faible et restera limitée. Les hommes doivent modifier leurs habitudes de consommation, en particulier dans les pays riches. Pour limiter l'impact des émissions de ***dioxyde de carbone*** sur l'***atmosphère***, il faudrait ainsi que les Américains divisent leur consommation d'énergies fossiles par 12 et les Français par 4 !

zoom

L'énergie, qu'est-ce que c'est ?

Pour se déplacer, se chauffer ou s'éclairer, l'homme a toujours eu besoin d'énergie. Il l'a d'abord trouvée dans la nature avant d'être capable d'en produire à son tour.

L'énergie est la force qui permet de fournir de la chaleur, de la lumière, de créer un mouvement ou de transformer la matière. Elle provient de différentes sources (bois, ***pétrole***, vent, eau, soleil...) et prend différentes formes (mécanique, chimique, électrique, calorifique...).

L'énergie peut passer d'une forme à l'autre. Ainsi, dans une ***centrale thermique***, l'énergie chimique contenue dans le ***charbon*** est transformée en énergie électrique et en énergie calorifique (chaleur).

On distingue l'énergie « primaire », directement disponible dans la nature, et l'énergie « secondaire », créée à partir d'une autre source d'énergie. Par exemple, l'***électricité*** (énergie secondaire) peut être produite à partir d'***uranium*** (énergie primaire).

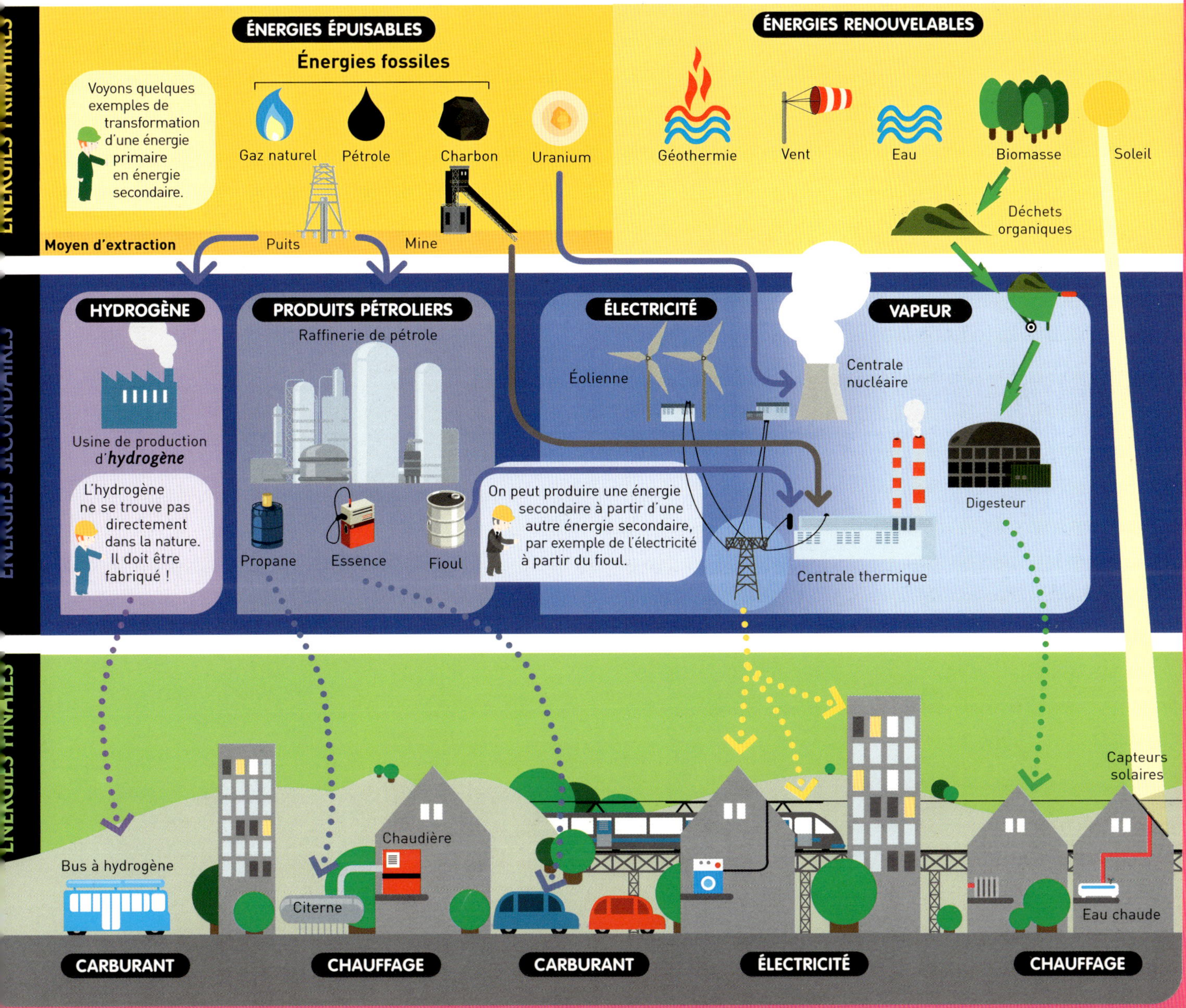

Les énergies fossiles

Les énergies fossiles, et notamment le pétrole, ont une place centrale dans les activités humaines, mais les pollutions qu'elles génèrent sont préoccupantes et les réserves s'épuisent.

Quelles sont les énergies fossiles ?

Issues de la matière vivante (animaux et plantes), les ***énergies fossiles*** (***charbon***, ***pétrole*** et ***gaz naturel***), sont les principales sources d'énergies utilisées dans le monde. Elles contiennent du ***carbone*** qui se libère lors de la ***combustion*** et se transforme en énergie. L'énergie fossile peut être utilisée directement (le charbon dans une chaudière, le gaz dans une cuisinière) ou après transformation, pour faire tourner des moteurs (le pétrole est transformé en carburant ou en fioul). Elle peut aussi être utilisée pour produire de l'***électricité*** dans une ***centrale thermique*** (VOIR P. 74).

Le pétrole

L'« huile de pierre » (*petra oleum*) est connue depuis l'Antiquité en Mésopotamie (actuel Irak), où elle était utilisée pour l'éclairage sous sa forme brute. Il a fallu attendre le XXe siècle pour que ses extraordinaires propriétés soient vraiment exploitées. Aujourd'hui, le ***pétrole*** représente 38 % de la consommation mondiale d'énergie. Il peut se transformer en carburant, en fioul, mais aussi en matières plastiques, en produits de beauté ou en médicaments. Le pétrole est devenu si précieux qu'il est consommé plus vite qu'il n'est

LE PÉTROLE, DU PUITS À LA POMPE

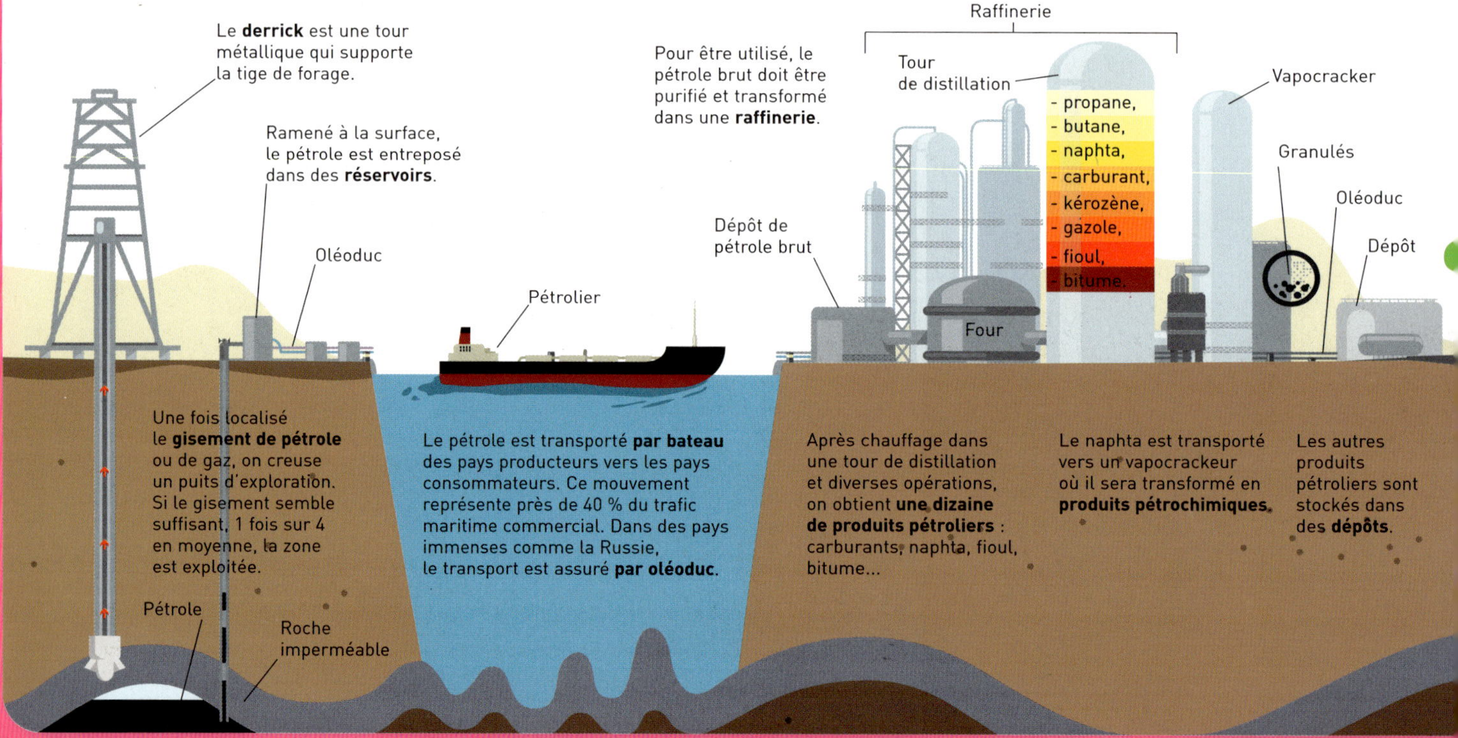

info+

LE PÉTROLE DE L'ALASKA

Situé à l'extrémité nord-ouest du continent américain, l'Alaska est l'objet de toutes les convoitises ! Son sous-sol, riche en ***hydrocarbures***, est exploité depuis 1968, mais les réserves les plus importantes sont localisées dans une zone protégée. Pour renforcer leur indépendance énergétique, les États-Unis envisagent d'autoriser les forages dans la réserve naturelle. Les organisations de défense de l'environnement luttent contre ce projet, affirmant que l'exploitation du pétrole dans cette région menacerait l'***écosystème***, (ours polaires, grizzlis, loups, caribous, oiseaux...).

découvert ! Se fondant sur son rythme de consommation actuel, les scientifiques prévoient l'extinction des réserves de pétrole d'ici 40 ans. Plus optimistes, les compagnies pétrolières misent sur la découverte de nouveaux gisements terrestres et l'exploitation du pétrole de l'océan jusqu'à 3 000 m de profondeur.

Malgré ses incontestables atouts, le pétrole doit être consommé avec modération. Il rejette du ***dioxyde de carbone*** dans l'***atmosphère*** lors de sa combustion, et son acheminement des lieux de production vers les raffineries doit être surveillé pour éviter les ***marées noires***, accidentelles (tempêtes) ou volontaires (nettoyage des cuves des pétroliers dans la mer). Il en est de même des dépôts pétroliers, qui doivent être sécurisés afin de prévenir une éventuelle ***catastrophe industrielle***.

Le charbon

Le charbon est utilisé depuis l'Antiquité, mais son exploitation intensive remonte à la ***révolution industrielle***, au XIXe siècle, avec l'apparition de la machine à vapeur et l'essor du chemin de fer. Loin d'être une énergie du passé, le charbon représente le tiers de la consommation mondiale. On l'utilise surtout pour la production d'***électricité*** (dans des ***centrales***

La consommation de produits pétroliers se répartit de la façon suivante :

30 % pour les carburants : essence, gazole, gaz (GPL) pour les véhicules à moteur, kérosène pour les avions...

30 % pour le fioul et le gaz, utilisés comme combustibles (chauffage, chaudières industrielles, centrales électriques).

30 % pour les graisses et les bitumes (revêtement des routes).

10 % pour les produits chimiques : cosmétiques, textiles, plastiques (VOIR CI-DESSOUS).

Cuisine
Sacs en plastique, pots de yaourts, bouteilles d'eau et de lait, produits vaisselle et lessives, bougies...

Salle de bains
Shampooings, crèmes de beauté, rouges à lèvres, parfums, brosses à dents, pansements...

Chambre
Tee-shirts, collants, pantalons en polyamide (Nylon®) ou polyester (Tergal®)...

Jardin
Meubles en plastique, herbicides, pesticides, engrais...

Voiture
Pneus, chambres à air, moquette, pare-chocs...

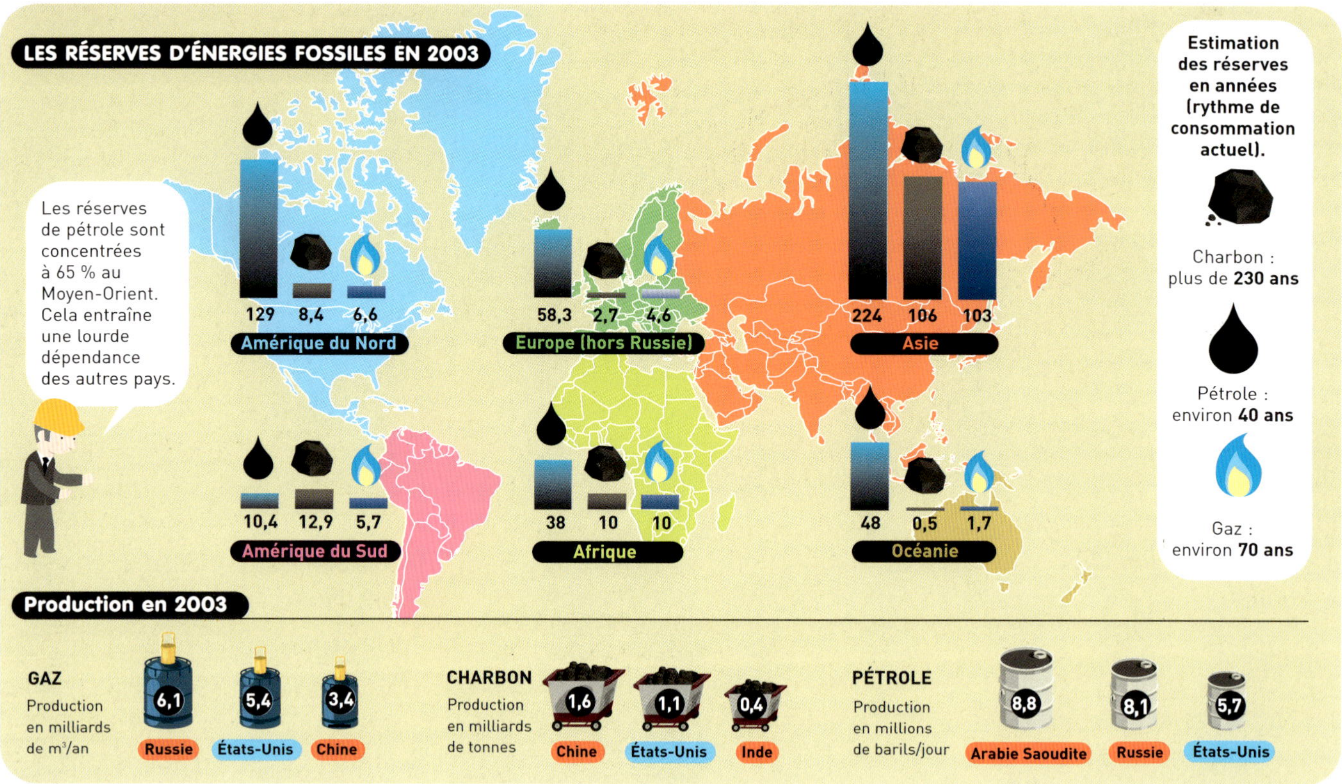

thermique) et pour le chauffage (fours industriels…). On le transforme aussi en coke, un ***charbon*** très pur qui, mélangé au fer, permet de fabriquer de la fonte et de l'acier. On peut enfin le transformer en un gaz peu polluant, qui pourrait être l'un de nos carburants du futur. Abondantes, les réserves de charbon autorisent une consommation pendant encore plus de deux siècles. Les États-Unis, la Russie et la Chine possèdent plus de 80 % des réserves estimées !

Mineurs chinois dans la province du Sichuan, en mai 2005. La Chine est le premier producteur mondial de charbon.

Hélas, le charbon est la plus polluante des ***énergies fossiles*** : sa ***combustion*** génère 25 % de ***dioxyde de carbone*** de plus que celle du ***pétrole***, et 40 % de plus que celle du ***gaz naturel***.

Le gaz naturel

Beaucoup moins polluant que le charbon et le ***pétrole***, le ***gaz naturel*** ne génère ni suie, ni poussière et il émane peu de dioxyde de carbone de sa combustion. Il est facilement transportable par bateau et par des canalisations souterraines ou sous-marines dont l'étanchéité et la résistance sont surveillées en permanence.

Le gaz représente le quart de la consommation mondiale d'énergie. On l'utilise pour produire de l'***électricité*** (plus de 20 % de l'électricité mondiale est produite à partir du gaz naturel) et pour le chauffage (fours, chauffage des locaux…). Malgré son prix élevé (près de 5 fois celui du charbon) et des réserves limitées (environ 70 ans), le gaz est considéré comme la solution transitoire entre les ***énergies fossiles***, dont il fait partie, et les énergies alternatives (VOIR P. 76 - 80). La consommation de gaz a progressé de 24 % sur 10 ans entre 1993 et 2003.

L'énergie nucléaire

Inventée au XXe siècle, l'énergie nucléaire est une ressource extraordinaire, mais son utilisation suscite de vifs débats.

C'est quoi, l'énergie nucléaire ?

Pour produire de l'énergie ***nucléaire,*** les industriels utilisent comme ***combustible*** de l'uranium, un minerai que l'on trouve en relative abondance dans l'écorce terrestre. Dans le processus de création d'énergie nucléaire, les ***atomes*** d'***uranium*** sont cassés en deux dans le cœur du réacteur. Cette « fission » est le début d'une réaction en chaîne, chaque atome créé se cassant à son tour et libérant une quantité d'énergie considérable. Ainsi, 1 kg d'uranium procure autant d'énergie que 2 500 tonnes de charbon.
La ***fission nucléaire*** dégage de la chaleur, qui transforme l'eau en vapeur. La vapeur fait ensuite tourner une turbine. Celle-ci entraîne à son tour un générateur qui produit de l'***électricité***.

L'énergie nucléaire ne représente que 2 % de la consommation mondiale d'énergie, mais 17 % de la consommation d'électricité. La part du nucléaire est variable selon les pays. En Europe, le tiers de la production d'électricité est d'origine nucléaire, en France, les trois quarts. Mais la majorité des pays n'y ont pas recours.

UNE CENTRALE NUCLÉAIRE

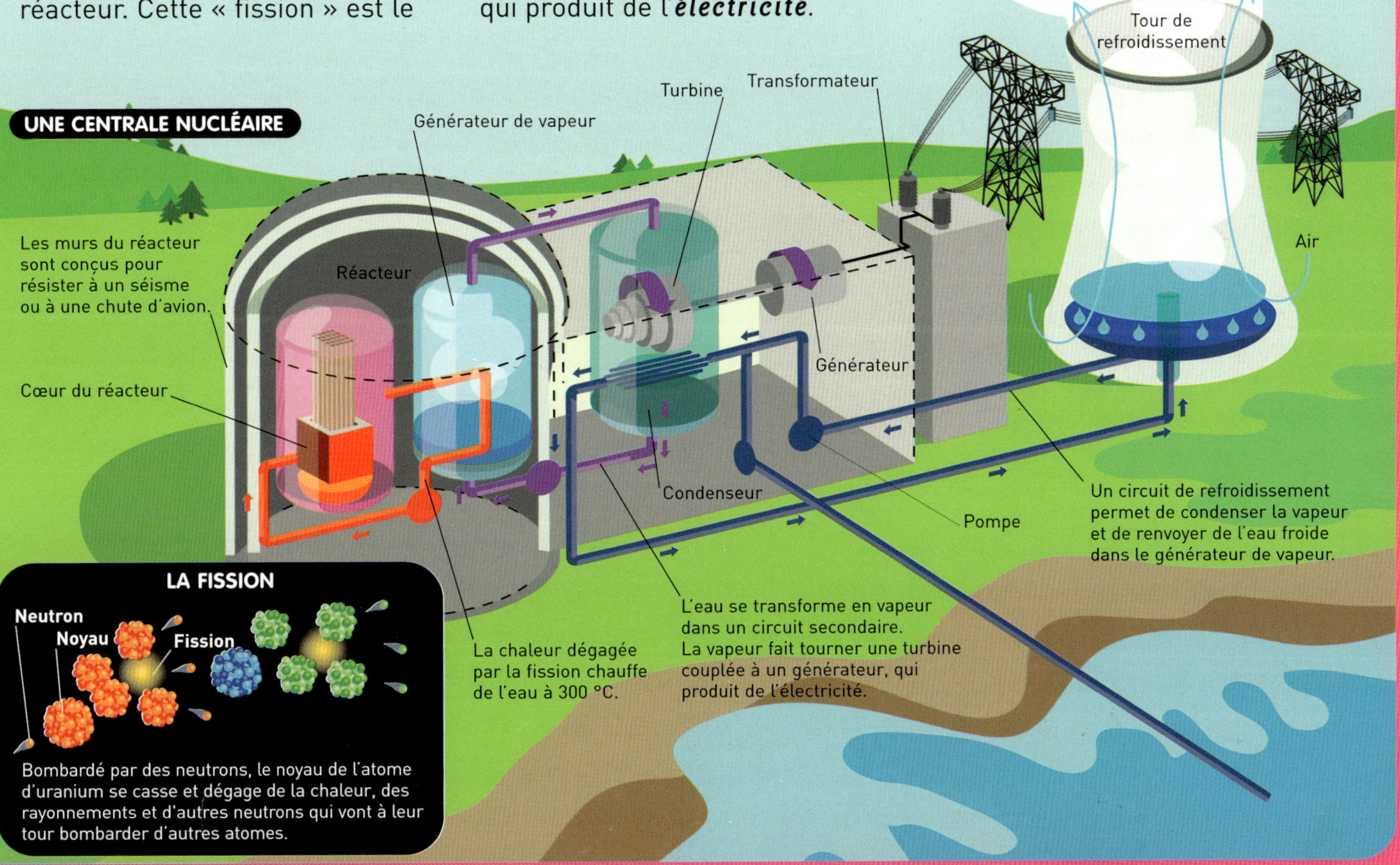

LA FISSION

Bombardé par des neutrons, le noyau de l'atome d'uranium se casse et dégage de la chaleur, des rayonnements et d'autres neutrons qui vont à leur tour bombarder d'autres atomes.

Une énergie en question

Très puissante, l'énergie ***nucléaire*** est une alternative aux ***énergies fossiles*** car son utilisation ne génère pas de gaz à ***effet de serre***. De plus, elle diminue la dépendance des États qui l'ont choisie vis-à-vis des pays riches en énergies fossiles. Pourtant, plusieurs pays comme l'Italie ou l'Allemagne ont décidé d'y renoncer à cause des inquiétudes concernant la sécurité des centrales et la gestion des déchets radioactifs.

Les accidents sont exceptionnels, mais ils peuvent entraîner une contamination de l'environnement. Ces craintes se sont développées depuis les catastrophes de Three Mile Island, aux États-Unis (1979), et de Tchernobyl, en Ukraine (1986). Dans les ***pays industrialisés***, l'exploitation de l'énergie nucléaire est pourtant soumise à des normes très élevées en matière de sécurité et la vigilance a été renforcée depuis ces accidents : régulièrement, une autorité indépendante contrôle le bon fonctionnement des centrales. Des inquiétudes demeurent toutefois par rapport aux centrales installées dans des pays où la réglementation serait moins stricte ou à la survenue d'un ***séisme*** (VOIR P. 58).

La gestion des déchets (transport et stockage) est aussi au cœur du débat sur le nucléaire. Une fois la fission terminée, une partie reste radioactive pendant des milliers d'années. Les pays industrialisés, qui doivent gérer ces déchets à vie longue, ont opté pour plusieurs options de stockage. Certains ont choisi d'enfermer les déchets dans des conteneurs hermétiques, puis de les entreposer dans des hangars ou à flanc de collines en attendant de les traiter un jour (peut-être dans plusieurs siècles). D'autres, comme les États-Unis, enfouissent leurs déchets dans la Terre, dans des couches d'argiles.

La création d'un site international de stockage des ***déchets nucléaires*** est à l'étude. Mais où le localiser ? Il faudrait éviter qu'un ***pays en développement*** accepte, moyennant finances, ces déchets, alors qu'il ne possède pas forcément les moyens de les surveiller !

chiffres

OÙ PRODUIT-ON DE L'ÉLECTRICITÉ ?

L'***électricité*** représente environ le tiers de l'énergie consommée dans le monde. Elle peut être produite dans des ***centrales thermiques*** ou nucléaires : la vapeur dégagée par la ***combustion*** du ***charbon***, du ***gaz*** ou du ***pétrole***, ou la ***fission*** des ***atomes*** d'***uranium***, fait tourner une turbine. Celle-ci entraîne un générateur qui produit de l'électricité. Dans les centrales hydroélectriques, c'est l'eau qui entraîne la turbine, dans les centrales géothermiques, un jet d'eau brûlant, et dans les ***éoliennes*** le vent. Le cas de l'***énergie solaire*** photovoltaïque est un peu différent : la lumière est transformée en électricité dès qu'elle atteint les panneaux en silicium. L'électricité, ne pouvant être stockée à grande échelle, est en général produite en fonction des besoins.

PRODUCTION MONDIALE D'ÉLECTRICITÉ

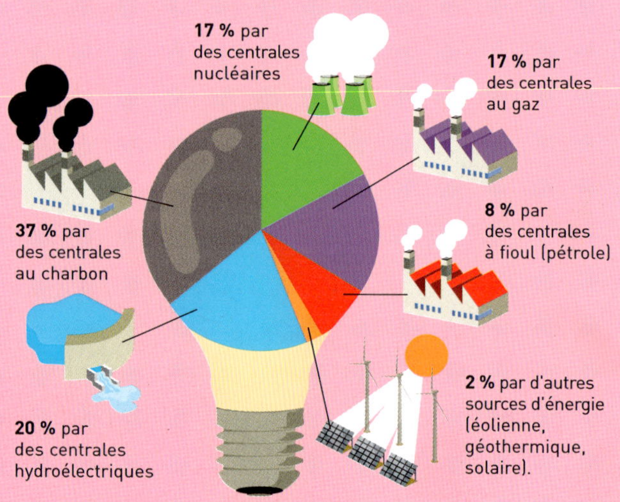

info+

LA DURÉE DE VIE D'UNE CENTRALE

En général, les centrales ***nucléaires*** sont conçues pour fonctionner pendant 30 ans. Toutefois, les contrôles récents montrent que leur durée de vie peut atteindre 60 ans. Entre 1950 et 2003, 104 réacteurs ont été arrêtés dans le monde, dont 11 en France. Il s'agit de réacteurs qui avaient atteint la fin de vie prévue ou de ceux qui n'étaient plus rentables. Mais l'arrêt d'une centrale coûte très cher car il faut gérer les déchets radioactifs. Le démantèlement est estimé à 15 % du coût de construction d'une centrale neuve et dure souvent plus de 10 ans !

LE NUCLÉAIRE EN DÉBAT

Pour ou contre ?

Pour : Le nucléaire permet d'éviter l'utilisation des ressources fossiles (charbon, pétrole, gaz) et donc de limiter les rejets atmosphériques et l'augmentation de l'effet de serre. Grâce à cette énergie, on se donne une chance de respecter les engagements que nous avons pris à Kyoto, en 2002 (VOIR P. 27), de réduire les émissions de ***dioxyde de carbone***.

Contre : C'est vrai, aujourd'hui on ne peut s'affirmer qu'une centrale ne mettra jamais en danger l'environnement. Après l'explosion de Tchernobyl, la ***radioactivité*** a fait des milliers de victimes et contaminé d'innombrables ***écosystèmes***.

Pour : Toutes les mesures sont prises pour qu'il n'y ait pas d'autres catastrophes ! Le nucléaire permet aussi de ne pas dépendre des pays producteurs de pétrole, de charbon ou de gaz et de maîtriser le prix de l'énergie. L'uranium provient de zones géographiques diversifiées (Canada, Afrique, Australie, Asie), plus stables politiquement que certains pays exportateurs d'énergies fossiles comme l'Irak ou le Koweït.

Contre : Vous oubliez que les scientifiques n'ont pas encore trouvé de solutions indiscutables pour se débarrasser des déchets radioactifs. En les enfouissant dans le sol, on laisse peut-être aux générations futures un problème à résoudre !

Production d'éléctricité d'origine nucléaire

Pays	Production annuelle en milliards de kWh (kilowatt-heures)	% du total mondial	% du nucléaire dans la production nationale d'électricité
États-Unis	805	30 %	20 %
France	437	16 %	78 %
Japon	295	11 %	27 %
Allemagne	165	6 %	29 %
Russie	142	5 %	16 %

Les énergies alternatives

Renouvelables et propres, les énergies alternatives présentent un fort potentiel de développement. Mais il faudra du temps avant qu'elles ne supplantent les autres sources d'énergie !

Un avenir prometteur

Comme alternative aux ***énergies fossiles*** polluantes et épuisables, les industriels développent aujourd'hui cinq sources d'énergie : les ***énergies solaire***, ***éolienne*** et ***hydraulique***, la ***géothermie*** et la ***biomasse*** (l'énergie des végétaux et des matières organiques). Ce sont les premières sources d'énergie que l'homme ait utilisées. Ce sont aussi les plus consommées jusqu'au début du XVIIIe siècle. Contrairement aux ***énergies fossiles*** (***gaz***, ***pétrole*** et ***charbon***), vouées à s'épuiser à court ou moyen terme, elles sont constamment renouvelées (certaines sur de très grandes échelles de temps, comme le bois). Elles ont aussi le gros avantage d'être « propres » : leur contribution à l'accroissement de l'***effet de serre*** (VOIR P. 58) est infime.

Malheureusement, les coûts de production de ces différentes énergies, encore importants, ralentissent leur développement : toutes les énergies renouvelables confondues représentent à peine 2,5 % de la consommation mondiale d'énergie ! D'autres pistes comme la pile à combustible en sont encore au stade de la recherche (VOIR ZOOM P. 80), mais semblent prometteuses.

L'énergie solaire

L'énergie solaire peut être convertie en chaleur ou en ***électricité*** par différents moyens. En venant frapper des cellules « photovoltaïques », les rayons lumineux créent un déplacement d'électrons qui produit

Centrale solaire de Krammer Junction (Californie, États-Unis), en mai 1996. C'est la plus grande du monde. Sa puissance électrique atteint 150 mégawatts (en comparaison, une centrale nucléaire fournit une puissance de 1 000 mégawatts électriques).

un courant électrique. On peut aussi fabriquer de l'électricité dans des centrales où des centaines de miroirs (héliostats) font converger les rayons du Soleil vers une chaudière. La vapeur obtenue entraîne une turbine qui génère de l'électricité.

L'énergie solaire peut être utilisée également pour la production d'eau chaude et pour le chauffage. Des capteurs solaires transmettent la chaleur vers des tuyaux qui l'acheminent vers un plancher chauffant ou un ballon d'eau chaude.

Le Japon, les États-Unis et l'Allemagne sont les principaux producteurs d'énergie solaire.

L'énergie éolienne

L'énergie éolienne utilise la force du vent pour produire de l'électricité. Le principe des éoliennes est simple : des pales sont installées sur une nacelle mobile et suivent la direction des courants aériens. Ce mouvement entraîne une turbine qui produit de l'électricité.

L'énergie éolienne représente aujourd'hui moins de 1 % de l'électricité mondiale. Malgré son coût important, elle semble promise à une forte croissance dans les années à venir. Les pays européens comme l'Allemagne, le Danemark ou l'Espagne sont les mieux équipés, mais l'Inde ou la Chine ont mis en œuvre des programmes de développement ambitieux.

Champ d'éoliennes en Chine, en 2001. Gros consommateur d'énergies fossiles, la Chine s'intéresse aussi à l'énergie éolienne.

question d'enfant

PEUT-ON INSTALLER DES ÉOLIENNES SUR LA MER ?

Oui. Ces installations sont en fort développement dans les pays densément peuplés, qui ne disposent pas de sites appropriés sur terre. En général, on construit ces fermes éoliennes en plein air à une dizaine de kilomètres des côtes pour que la profondeur ne soit pas trop importante (25 m maximum).
Ce parc est raccordé au réseau terrestre d'électricité par un câble sous-marin.
Les coûts de construction sont plus élevés en mer, mais la production d'électricité est plus importante.

Barrage hydroélectrique de Itaipu (Brésil). Le Brésil est l'un des principaux producteurs d'énergie hydraulique du monde.

L'énergie hydraulique

Énergie propre par excellence, l'***énergie hydraulique*** est produite grâce à la force de l'eau qui chute des barrages ou aux mouvements des marées, pour les usines marémotrices. Les barrages constituent des réserves d'eau considérables et permettent de réguler l'offre en ***électricité***.

L'hydroélectricité est appréciée pour son faible coût de production. Toutefois, ce mode de production est parfois contesté en raison du déplacement massif des populations qu'il entraîne et des dommages concrets (destruction d'***écosystèmes***) ou potentiels (rupture de barrages) sur l'environnement.

Les principaux pays producteurs d'énergie hydraulique sont le Canada, le Brésil, la Chine et les États-Unis.

La géothermie

La ***géothermie*** consiste à capter l'eau chaude ou la vapeur de la croûte terrestre pour la production de chauffage ou d'électricité. La rentabilité de cette énergie dépend beaucoup de la taille du gisement : les travaux et les pompes nécessitent un investissement important et un entretien régulier. C'est pourquoi son évolution devrait rester assez limitée dans les prochaines années.

Une vingtaine de pays produisent de l'électricité géothermique, notamment les Philippines (plus de 20 % de l'électricité produite) ou l'Islande (15 %).

Centrale géothermique de Svartsengi (Islande).

La biomasse

Le terme « biomasse » désigne l'ensemble de la matière vivante (bois, déchets verts, boues d'épuration, partie « organique » des ordures ménagères...) utilisée à des fins énergétiques ou agronomiques. La ***biomasse*** renferme de l'***énergie solaire*** née du processus de la ***photosynthèse*** (VOIR P. 48).

La première utilisation de la biomasse est liée à la ***combustion*** du bois ou des déchets. Le bois est la principale source d'énergie des ***pays en développement***, mais son utilisation est devenue marginale dans les ***pays industrialisés***. C'est une énergie assez propre dès lors que le ***dioxyde de carbone*** rejeté lors de la combustion peut être absorbé par de nouveaux arbres grâce à la photosynthèse. Il est donc impératif de replanter des arbres pour respecter l'équilibre.

La combustion des ***déchets*** dans les usines d'***incinération*** (VOIR P. 114) produit aussi de l'énergie sous forme de chaleur ou d'électricité. Au Japon, 75 % des déchets sont incinérés, faute de place pour les décharges, 60 % en Suède ou au Danemark.

La fermentation des déchets permet la production de ***biogaz***. Celui-ci peut servir de combustible (production de chaleur et d'électricité) ou remplacer en partie le ***gaz naturel***.

Enfin, la biomasse permet de produire des ***biocarburants*** (utilisés comme compléments aux carburants classiques). Certains sont fabriqués à partir de l'huile des oléagineux, comme le colza ou le tournesol (biodiesel), d'autres de la fermentation de la betterave ou de la canne à sucre (bioéthanol).

Si la production mondiale augmente vite (+ 80 % pour le bioéthanol et + 180 % pour le biodiesel entre 2000 et 2004), les biocarburants ne peuvent pas concurrencer les produits pétroliers, ne serait-ce qu'à cause des surfaces énormes qu'il faudrait consacrer à ces cultures au détriment des cultures alimentaires.

BIOMASSE ET ÉNERGIE

Le **bois** est utilisé pour le chauffage ou pour alimenter des centrales thermiques.

On peut transformer les déchets en **biogaz** dans un digesteur. À partir du biogaz, on produit entre autres de la chaleur et de l'électricité.

La combustion des **déchets verts** dans des centrales biomasse est une autre façon de produire de la chaleur et de l'électricité.

Les **biocarburants**, ajoutés aux carburants classiques, sont fabriqués à partir de plantes à huile (biodiesel) ou à sucres (bioéthanol).

chiffres

Les énergies renouvelables en chiffres

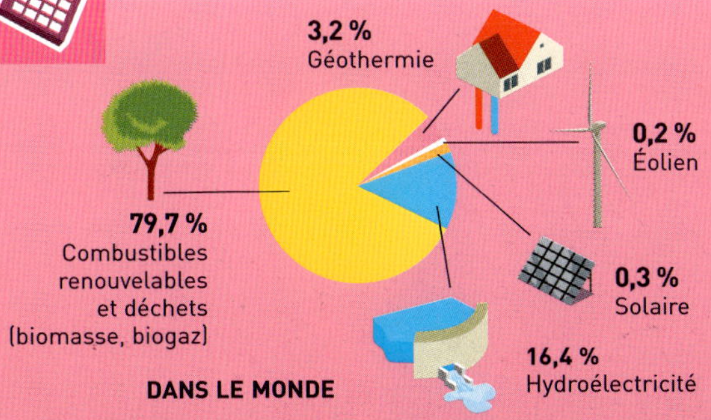

citation

« Je pense qu'un jour, l'hydrogène et l'oxygène seront les sources inépuisables qui fourniront chaleur et lumière. »

Jules Verne, *L'Île mystérieuse* (1874)

zoom La pile à combustible

Les énergies alternatives, bien que prometteuses, ne pourront pas couvrir les besoins énergétiques du monde lors de la disparition des énergies fossiles (charbon, pétrole, gaz). Il est urgent explorer d'autres pistes comme la pile à combustible.

Inventée au XIXe siècle, la pile à combustible avait été adoptée en 1960 pour équiper les navettes spatiales en raison de sa forte puissance pour son faible volume. Son principe repose sur l'association de l'***oxygène*** (disponible à volonté) et de l'***hydrogène*** (qui n'existe pas à l'état naturel et doit être fabriqué). Leur rencontre au cœur de la pile dégage de la chaleur et de l'***électricité***.

La pile à combustible a deux atouts : sa puissance énergétique est considérable et ses rejets de gaz à ***effet de serre*** dans l'***atmosphère*** sont limités.

Elle a aussi deux inconvénients : à ce jour, l'énergie nécessaire à la production de l'hydrogène fait baisser le rendement global de la pile, et le transport ainsi que le stockage de ce gaz très inflammable est encore problématique.

Le développement de la pile, qu'on remet au goût du jour, est donc freiné par son coût élevé pour un usage grand public. Pour permettre une utilisation plus large, les industriels tentent aujourd'hui de réduire les coûts en utilisant de nouvelles technologies.

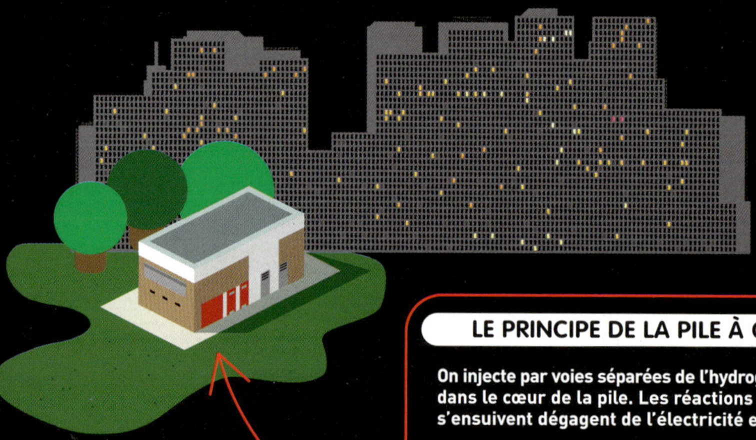

Minicentrale, la **pile à combustible stationnaire** produit électricité et chaleur pour alimenter les maisons ou les immeubles.

Le **bus de ville** constitue le véhicule de choix pour la pile à combustible.

LE PRINCIPE DE LA PILE À COMBUSTIBLE

On injecte par voies séparées de l'hydrogène et de l'oxygène dans le cœur de la pile. Les réactions chimiques qui s'ensuivent dégagent de l'électricité et de la chaleur.

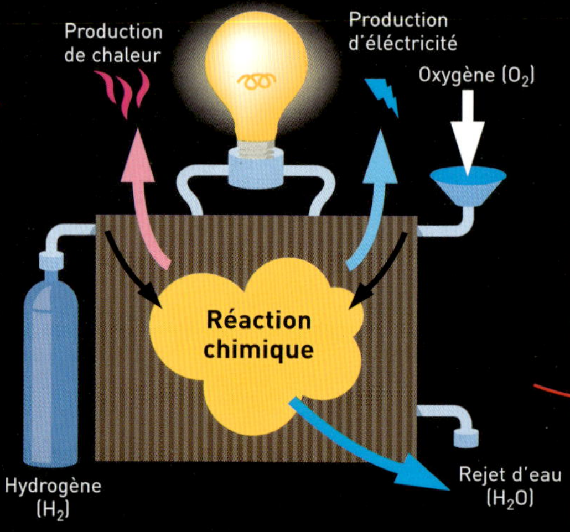

L'**hydrogène** est un gaz qu'on ne trouve pas à l'état naturel. Il peut être obtenu à partir de multiples sources comme le gaz naturel, l'eau et la biomasse.

Depuis les années 1960, les **navettes spatiales américaines** sont alimentées par des piles à combustible.

Dans quelques années, des piles à combustible miniatures pourraient équiper les **téléphones mobiles** et les **ordinateurs portables**.

Les énergies alternatives : solution miracle ?

Presque inépuisables et propres, les énergies alternatives sont à privilégier pour contribuer au développement économique tout en respectant les principes du ***développement durable***. Toutefois, les techniques de production de ces énergies doivent être encore améliorées pour que ces dernières soient définitivement adoptées.

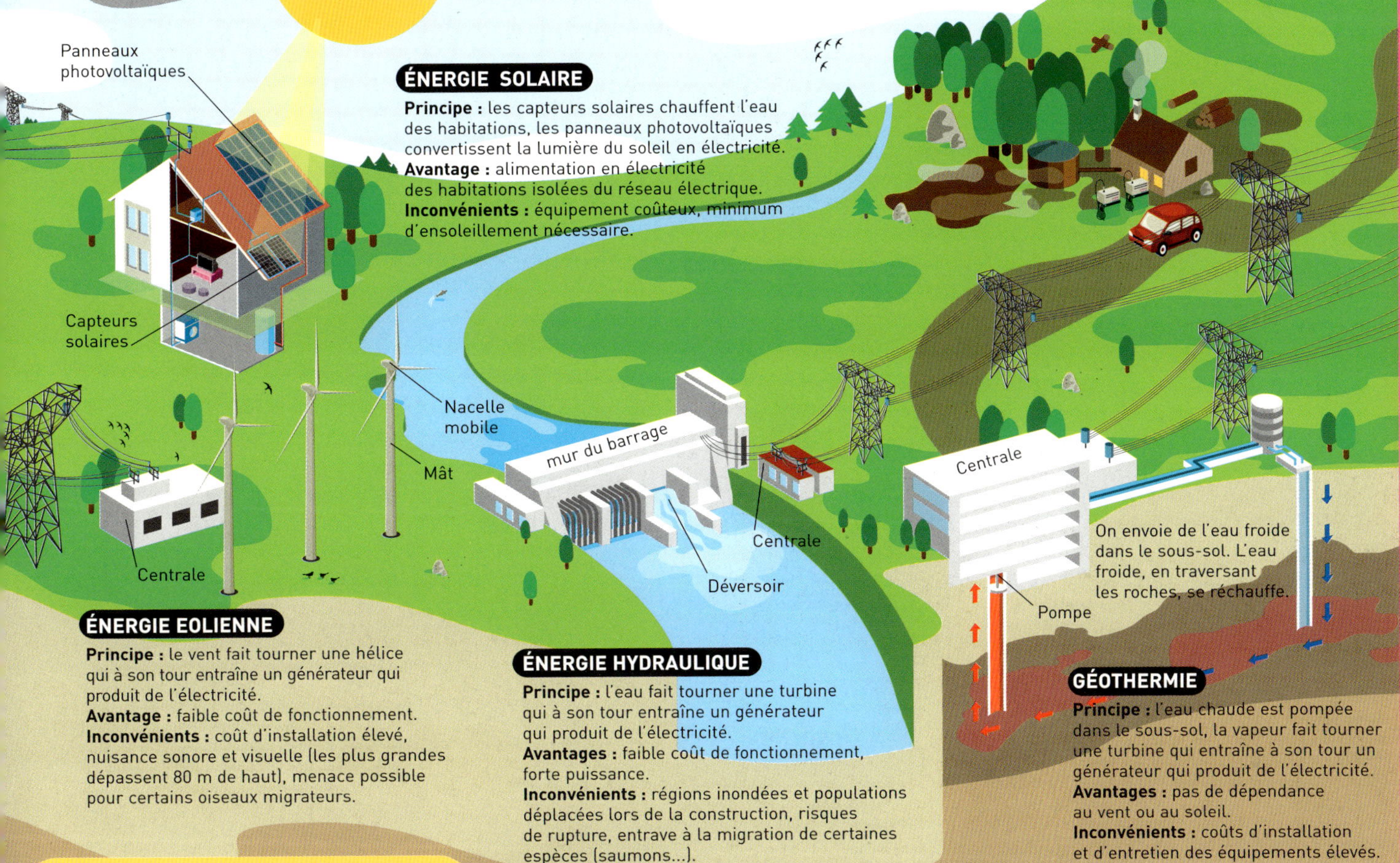

BIOMASSE

Principe : l'énergie du Soleil, emprisonnée dans les plantes lors de la photosynthèse est récupérée lors de la combustion ou de la fermentation. La biomasse permet la production d'électricité et de chaleur, de biogaz et de biocarburants.
Avantages : disponibilité des ressources, élimination utile des déchets.
Inconvénients : pour les biocarburants, concurrence avec les cultures alimentaires, recours aux énergies fossiles (tracteurs, camions...)

ÉNERGIE SOLAIRE

Principe : les capteurs solaires chauffent l'eau des habitations, les panneaux photovoltaïques convertissent la lumière du soleil en électricité.
Avantage : alimentation en électricité des habitations isolées du réseau électrique.
Inconvénients : équipement coûteux, minimum d'ensoleillement nécessaire.

ÉNERGIE EOLIENNE

Principe : le vent fait tourner une hélice qui à son tour entraîne un générateur qui produit de l'électricité.
Avantage : faible coût de fonctionnement.
Inconvénients : coût d'installation élevé, nuisance sonore et visuelle (les plus grandes dépassent 80 m de haut), menace possible pour certains oiseaux migrateurs.

ÉNERGIE HYDRAULIQUE

Principe : l'eau fait tourner une turbine qui à son tour entraîne un générateur qui produit de l'électricité.
Avantages : faible coût de fonctionnement, forte puissance.
Inconvénients : régions inondées et populations déplacées lors de la construction, risques de rupture, entrave à la migration de certaines espèces (saumons...).

GÉOTHERMIE

Principe : l'eau chaude est pompée dans le sous-sol, la vapeur fait tourner une turbine qui entraîne à son tour un générateur qui produit de l'électricité.
Avantages : pas de dépendance au vent ou au soleil.
Inconvénients : coûts d'installation et d'entretien des équipements élevés.

LE BILAN ÉNERGÉTIQUE GLOBAL

C'est la différence entre l'énergie produite et l'énergie consommée pour son installation, son exploitation et son éventuel démantèlement (par exemple pour les centrales nucléaires). Il se calcule en prenant en compte l'énergie mais aussi les émissions de gaz à ***effet de serre*** ou le traitement à long terme des déchets. Si une mairie installe un panneau solaire pour chauffer une école, elle peut comparer son bilan énergétique avec celui d'une chaudière au gaz, au fioul ou à bois.

Si une éolienne est construite au bord d'une route, près de l'usine où sont fabriquées ses pièces, dans un lieu où le vent souffle régulièrement toute l'année, le bilan sera positif en quelques mois.

Si on installe une éolienne dans une forêt de montagne, où le vent souffle rarement, et si le technicien doit faire une longue route en voiture pour l'entretenir, le bilan sera négatif pendant de longues années. Et il peut même le rester !

Maîtriser l'énergie

Enjeu stratégique, l'énergie est devenue une ressource indispensable pour mener à bien le développement économique. Aujourd'hui, les **impacts sur l'environnement** sont nombreux, les **réserves fossiles** sont en train de s'épuiser et certains pays sont devenus dépendants d'autres États riches en pétrole, en charbon ou en gaz. Il est donc temps de privilégier de nouvelles manières de se chauffer, de produire ou de se déplacer pour **réduire la consommation d'énergie et ses impacts environnementaux**. Certains de ces défis techniques sont déjà mis en œuvre, d'autres solutions doivent être imaginées pour économiser l'énergie dans le futur. Et aux côtés des hommes politiques, des scientifiques et des industriels, chaque citoyen a un rôle important à jouer dans ce combat pour la maîtrise énergétique.

LES ACTEURS DE LA MAITRISE DE L'ÉNERGIE

Je cherche à **utiliser les courants marins**, plus réguliers que les vents, pour produire de l'***électricité*** grâce à des « hydroliennes ». Des essais ont été réalisés en Angleterre et en Norvège.

Je mets au point des véhicules associant **un moteur utilisant du biocarburant et une pile électrique**. L'utilisation du premier permet de recharger la pile lorsqu'elle est vidée de son électricité.

Je travaille à la mise au point de **batteries permettant de rouler à l'électricité** pendant plusieurs centaines de kilomètres sans problème d'autonomie.

J'effectue un **tri pour le *recyclage* de mes déchets** : une partie peut être réutilisée, l'autre partie, transformée en biogaz ou incinérée, peut permettre de chauffer ou d'éclairer une ville.

Je projette de construire **d'immenses panneaux solaires dans les déserts** : selon mes calculs, 5 % seulement de leur surface pourraient alimenter la Terre entière en électricité !

Je baisse mon chauffage pendant la nuit ou en cas d'absence prolongée.

Je vérifie l'ensemble des réseaux de chauffage de mes sites industriels pour **ne pas gaspiller d'énergie** (les fuites sont parfaitement évitables).

Grâce à un système automatique, j'ai installé un chauffage qui se déclenche **en fonction de l'occupation de locaux** ou de mes besoins.

Je valorise mes déchets verts en fabriquant du *compost*, un ***engrais*** naturel qui revitalise les sols, et je vends le surplus comme ***combustible*** à des industriels.

Je m'organise pour voyager à plusieurs dans la même voiture. Vive le **covoiturage** !

J'évite de conduire de manière agressive en ville : cela augmente ma consommation d'essence de 40 % et libère donc plus de ***dioxyde de carbone*** dans l'atmosphère.

Pour faire des économies d'énergie, **je privilégie le système de la cogénération** : la vapeur dégagée par ma chaudière permet à la fois de chauffer l'usine et, en entraînant une turbine, de produire de l'électricité.

Je plante des champs de colzas pour produire du *biocarburant*. J'évite de mécaniser mon activité : s'il est nécessaire de consommer 1 litre d'essence pour fabriquer 1 litre de biocarburant, cette culture n'a aucun intérêt, ni économique, ni écologique !

Pour produire plus rapidement du ***biogaz***, **je développe la technologie des bioréacteurs** qui accélèrent la dégradation des déchets (VOIR P. 112).

Je ne fais **pas le choix d'une *agriculture* intensive** : qu'il s'agisse du carburant des tracteurs ou des engrais industriels, celle-ci est trop gourmande en pétrole !

Dans mon **usine d'*incinération***, je produis assez de chaleur pour chauffer toute la ville voisine !

Agriculture biologique

Agriculture raisonnée

5. Préserver les ressources de la Terre

Élevage

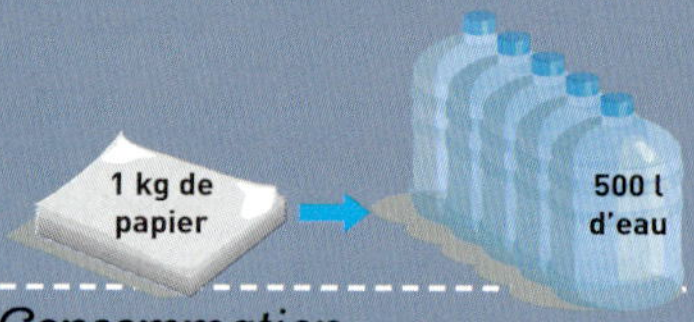

Consommation

Solutions

Dans les premiers temps de l'humanité, avec la cueillette et la chasse, les hommes ont puisé dans les ressources de la Terre ***avec modération***. Au fil des millénaires, ils ont domestiqué la nature en ***développant l'agriculture*** et en contrôlant les réseaux d'eau. Au lieu de faire fructifier les ressources naturelles, ils les ont ***épuisées*** pour subvenir à leurs besoins immédiats, ***sans penser au lendemain***. Pour ne pas réduire à néant la fertilité des sols et la qualité de l'eau, il est temps de prendre conscience de la ***fragilité*** de ces éléments.

La nature surexploitée

Les agriculteurs sont aujourd'hui confrontés à un défi presque impossible : nourrir une population qui ne cesse de croître sans nuire à l'environnement.

L'agriculture

Après avoir vécu de la cueillette, de la chasse et de la pêche pendant des millions d'années, l'homme a inventé l'***agriculture*** au Moyen Orient, il y a plus de 8 000 ans. Il a transformé son environnement pour produire les végétaux et élever les animaux nécessaires à son alimentation. Au fil des siècles, l'agriculture a évolué grâce à une succession de révolutions techniques (la charrue, le tracteur, etc.), à l'utilisation de produits chimiques destinés à protéger les cultures ou les développer, ainsi qu'à la sélection des variétés et des espèces. Aujourd'hui, les producteurs agricoles les plus puissants sont : la Chine, les États-Unis, l'Europe, l'Argentine et le Brésil.

Des rôles variés

La première fonction de l'agriculture est de nourrir les hommes et les animaux d'élevage. Ainsi, les deux tiers de la production mondiale de maïs et la moitié du blé européen sont destinés aux animaux ! En plus des produits alimentaires, l'agriculture offre les matières premières de nombreuses industries comme celles du textile (coton), du papier (amidon de maïs et de pomme de terre) ou du caoutchouc (hévéa). Avec l'épuisement des ***énergies fossiles***, l'agriculture offre aussi de nouvelles alternatives, avec des plantes comme le colza, qui peuvent être transformées en ***biocarburant*** (VOIR P. 79).

L'évolution de l'agriculture

Pour répondre à une demande toujours plus élevée, les agriculteurs ont dû produire des quantités plus grandes, plus rapidement et à un moindre coût. Les pays riches ont mis en place une agriculture intensive spécialisée (une seule culture sur des milliers d'hectares), nécessitant peu de moyens humains. Sur les trente dernières années, la proportion d'agriculteurs dans la population

chiffres

Les animaux d'élevage dans le monde

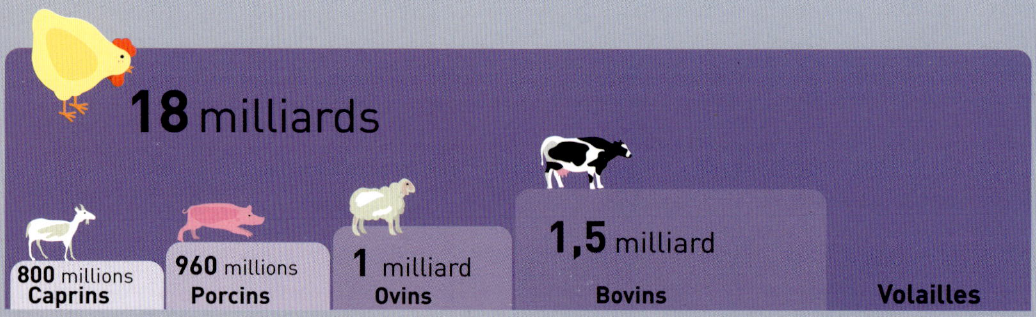

Source : Organisation des Nations Unies pour l'alimentation et l'agriculture, 2005.

info+

AGRICULTURE BIOLOGIQUE OU RAISONNÉE ?

Les agriculteurs biologiques sont opposés à la production intensive. Ils s'engagent à respecter les équilibres écologiques, la fertilité des sols, l'environnement et le bien-être des animaux. Pour fertiliser ou pour lutter contre les insectes et les maladies, l'agriculture biologique proscrit l'emploi d'***engrais*** et de ***pesticides*** chimiques.

L'agriculture raisonnée s'efforce de limiter les impacts négatifs des activités agricoles sur l'environnement tout en recherchant une bonne rentabilité des exploitations. Aucun produit n'est strictement interdit, mais leur utilisation doit répondre à un véritable besoin et leurs effets secondaires doivent être mesurés.

active a considérablement diminué dans presque tous les pays : le nombre d'agriculteurs a ainsi baissé de 20 % à l'échelle mondiale et de 68 % en Europe.

L'augmentation extraordinaire des quantités de production dans les pays développés s'explique par les nombreuses innovations techniques. Il en est de même en Inde et dans de nombreux pays du Sud-Est asiatique depuis les années 1960, où la « révolution verte » est en marche. En perfectionnant l'irrigation, en modernisant l'outillage et en mettant au point de nouvelles variétés de riz, les rendements y ont été multipliés par 3 en 20 ans.

Les agriculteurs des ***pays industrialisés*** ont mis en place des systèmes d'irrigation pour alimenter leurs cultures de manière automatique.

Ils ont eu recours à de plus en plus ***d'engrais*** et de ***pesticides.***

Ils sont équipés de **machines modernes** (moissonneuses-batteuses, tracteurs) et adaptées aux grandes surfaces.

Ils ont sélectionné les plants et les animaux en fonction de leur **rentabilité.**

Pénalisés par le **manque d'eau,** les agriculteurs des pays du Sahel, par exemple, voient régulièrement leurs cultures détruites par la sécheresse.

Ils subissent des **invasions** spectaculaires d'insectes. En 2004, celle des criquets pèlerins ravagea des millions d'hectares de terres agricoles en Afrique de l'Ouest.

Les ***pays en développement*** sont largement sous-équipés en matériel agricole et ont encore recours aux techniques traditionnelles.

Dans certains pays, les terres ne fournissent pas de quoi nourrir les habitants. Ainsi, en Angola, la population ne survit que grâce à ***l'aide* alimentaire internationale.**

L'impact sur l'environnement

L' ***agriculture*** intensive est aujourd'hui de plus en plus critiquée car elle a des impacts sur l'environnement. Et les problèmes sont nombreux ! L'irrigation est devenue trop coûteuse : près de 70 % de l'eau consommée sur Terre par les hommes sont consacrés à l'agriculture intensive. Pourtant, avec le gaspillage et l'évaporation immédiate, moins de 5 % de cette eau profitent aux plantes (VOIR P. 93). Les ***pesticides*** et les ***engrais***, dont l'emploi a plus que doublé au cours des 30 dernières années, polluent massivement les eaux et les sols sur une grande échelle, et accentuent la ***désertification*** ; certains produits contribuent à l'extinction d'espèces animales fragiles, comme les oiseaux, les papillons ou les insectes (VOIR P. 50). L'utilisation des ***organismes génétiquement modifiés (OGM)*** suscite aussi beaucoup d'inquiétudes (VOIR P. 90).

Enfin, l'agriculture contribue aux émissions de gaz à ***effet de serre*** (VOIR P. 103) : les engrais contiennent de l'azote, les déjections des animaux sont riches en méthane et les ***énergies fossiles*** nécessaires au fonctionnement des engins agricoles et au chauffage des bâtiments d'élevage génèrent du dioxyde de carbone pendant leur combustion.

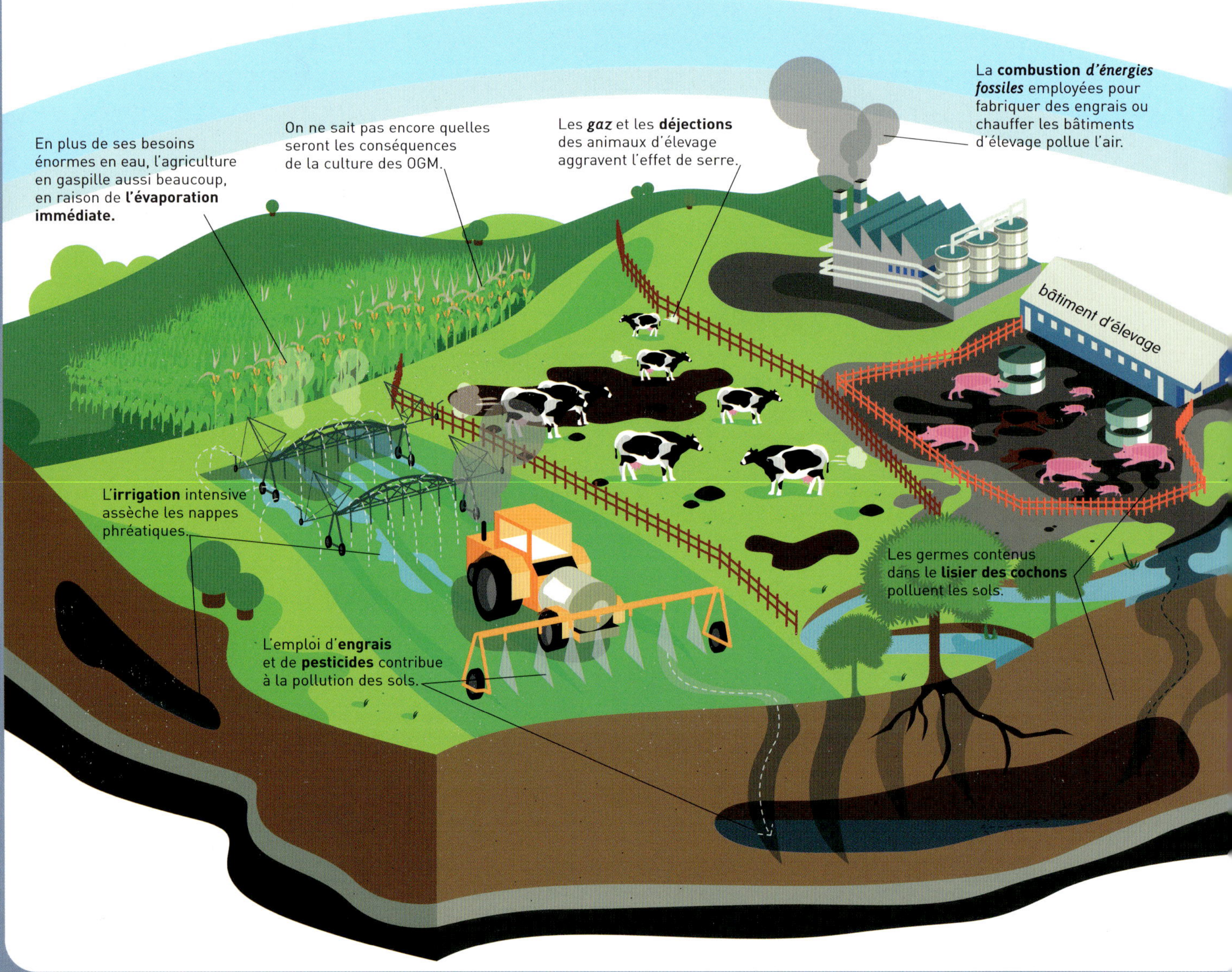

Il y a environ 300 millions de poules pondeuses dans la Communauté européenne. 91 % sont élevées en cage ou en batterie (ci-dessous) contre seulement 5 % en plein air (ci-dessus)...

Changer de politique ?

Contestée pour toutes ces raisons, l'agriculture intensive ne parvient pas, en outre, à résoudre le problème de la famine dans le monde ! Chaque année, 6 millions de personnes meurent encore de faim ou de la malnutrition. En 2002, l'***Organisation des Nations Unies (ONU)*** estimait à 850 millions le nombre de personnes sous-alimentées dans le monde, dont près de 815 millions dans les ***pays en développement***, 28 millions dans les pays en transition et 9 millions dans les ***pays industrialisés***. Pour de nombreux scientifiques, la solution à cette tragédie ne consiste pas à augmenter les productions de l'agriculture intensive dans les pays industrialisés, mais à renforcer le rendement moyen des centaines de millions de petits paysans par des moyens simples, comme apporter une aide financière pour acheter un bœuf, par exemple. Car faute de moyens, une majorité de petits agriculteurs cultivent de minuscules parcelles trop peu productives.

question d'enfant

MANGE-T-ON PLUS DE VIANDE QUE NOS ANCÊTRES ?

La consommation est beaucoup plus importante aujourd'hui, surtout dans les pays développés. La moyenne est aujourd'hui de 40 kg de viande par personne chaque année, alors qu'elle n'était que de 20 kg au début du XXe siècle. Certains écologistes s'alarment de cette surconsommation car l'alimentation en céréales nécessaire pour ces animaux ne cesse d'augmenter. Et lorsque la consommation de viande s'élève, la production de céréales pour les nourrir doit proportionnellement augmenter encore plus.

Le cas des OGM

Contre les OGM

Pour les OGM

Les progrès de l'agriculture ont été lents jusqu'au XXe siècle. Depuis que l'homme cultive des plantes et élève des animaux, il les sélectionne pour **améliorer leur productivité.** Ces croisements, ou greffes, ont permis de créer de nouvelles variétés ou des races de meilleure qualité. Mais depuis une trentaine d'années, une **nouvelle technique** est apparue, qui permet de **modifier le code génétique** (ensemble des gènes) pour donner aux plantes des propriétés de **résistance contre les insectes nuisibles** ou de **tolérance à certains herbicides.** Une technique révolutionnaire qui soulève de **nombreuses interrogations.**

Les OGM peuvent constituer une menace pour la ***biodiversité*** si ils prennent la place de variétés traditionnelles, entraînant **des disparitions d'espèces en chaîne** imprévisibles aujourd'hui.

L'insertion artificielle de gènes peut **déstabiliser à long terme une plante** ou sa descendance. Au terme d'une longue chaîne de transformations, l'une d'elles peut, par exemple, devenir toxique.

Personne ne connaît vraiment **l'impact des OGM sur des espèces comme les oiseaux** ou les pollinisateurs. Ainsi, les effets du pollen d'une plante transgénique sur l'intestin des abeilles n'ont jamais été mesurés.

La recherche dans le domaine des ***OGM*** est principalement effectuée par de **puissantes multinationales**. Or, ces dernières prennent des brevets sur les plantes transgéniques qu'elles mettent au point (la « recette » pour les obtenir leur appartient !). Si les plantes naturelles sont remplacées par des OGM, les agriculteurs devront acheter les semences très cher à ces sociétés.

Si un gène s'échappe, il peut être transmis à d'autres membres de son espèce ou à d'autres espèces. Une fois que le caractère transgénique se sera propagé à grande échelle, on ne pourra pas les « rappeler ». Comment lutter contre les plantes envahissantes devenues « immortelles » qui résisteront à tout traitement ?

LES PRINCIPAUX PAYS PRODUCTEURS D'OGM EN 2005

Cultures OGM en hectares dans le monde

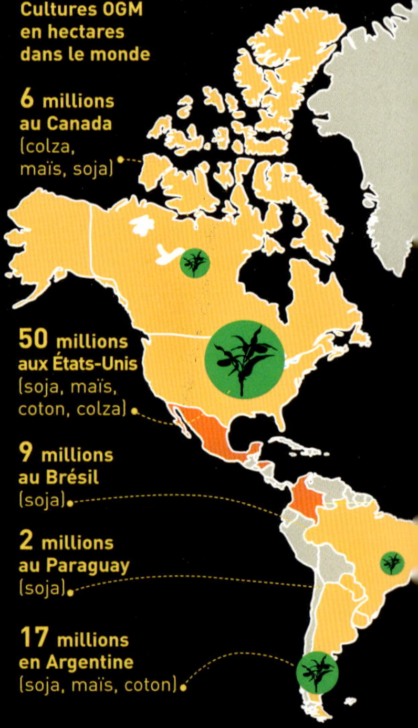

LES CULTURES OGM DANS LE MONDE, EN 2005, EN MILLIONS D'HECTARES

En insérant des gènes dans des plantes comme le riz et le blé, on peut en **accroître la valeur nutritive** et offrir une solution à la lutte contre la famine dans le monde. De la même manière, des gènes insérés dans les animaux d'élevage augmenteraient leur rendement laitier.

La modification génétique des fruits et légumes permet d'**augmenter leur durée de stockage**. Cette qualité permet d'éviter les gaspillages et les pollutions qui ont lieu aujourd'hui durant le transport et l'approvisionnement.

Résistants aux insectes nuisibles car ils produisent eux-mêmes leur agent ***insecticide***, les OGM permettent de **réduire les besoins en produits chimiques** pour la protection des cultures.

Grâce à leurs **propriétés exceptionnelles**, les OGM sont déjà utilisés dans le secteur pharmaceutique et médical, notamment dans la fabrication de vaccins.

Avec le meilleur rendement des plantes transgéniques, les agriculteurs pourraient **limiter les surfaces cultivées** et reposer ainsi les sols.

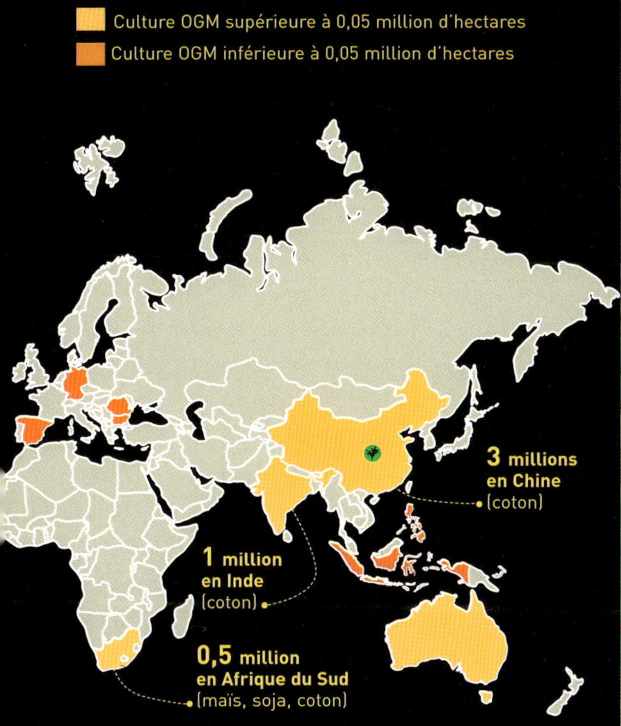

DU LABORATOIRE AU SUPERMARCHÉ

Les chercheurs
Les scientifiques prélèvent un gène particulièrement résistant dans un organisme vivant (virus, bactérie, levure, champignon, plante ou animal). Ils l'isolent puis le multiplient avant de l'introduire dans les cellules végétales que l'on veut transformer. Les plantes transformées sont surveillées pour évaluer les modalités de transmission du nouveau caractère à sa descendance.

Les exploitants
Après des essais en laboratoire et l'obtention d'autorisations, de grandes entreprises américaines se sont lancées dans l'exploitation économique de ces nouvelles technologies.
En 2005, le soja est la première plante OGM cultivée. Dans un pays comme l'Argentine, tout le soja est OGM.
Puis viennent le maïs, le coton et le colza.

Les pouvoirs publics
Depuis la conduite des essais en laboratoire jusqu'à la commercialisation, il est indispensable que les autorités délivrent des autorisations aux exploitants. En Europe, le consommateur doit aussi être prévenu de la présence d'OGM dans un produit, qu'il soit destiné à l'alimentation humaine ou animale : c'est la traçabilité.

Le défi de l'eau

L'eau est une ressource vitale, mais inégalement répartie dans le monde. Sa gestion tout comme sa consommation doivent être maîtrisées.

Essentielle mais fragile

Ressource irremplaçable et inestimable, l'eau est vitale pour l'homme. Elle est aussi indispensable à sa santé, à son hygiène et au développement de ses activités économiques. Dans le monde, l'eau douce accessible (hors glaciers) forme 3 % des réserves en eau de la planète (VOIR P. 15), soit près de 15 000 litres par personne et par jour. Malheureusement, cette ressource est parfois exploitée au mépris des principes du ***développement durable*** (VOIR P. 30). De nombreux experts affirment déjà que le XXIe siècle pourrait être celui de la crise de l'eau…

Gérer la croissance

Bien qu'aujourd'hui l'eau soit abondante à la surface de la planète, plus d'1 milliard de personnes dans le monde n'a pas accès à l'eau potable, et plus de 2,5 milliards ne disposent pas d'installations sanitaires de base. De plus, la disponibilité en eau douce est inégale au fil de l'année, et ne correspond pas forcément à la demande. Les besoins des agriculteurs atteignent par exemple leur maximum en été, au moment même où le niveau des ressources est le plus bas. Mais au-delà de ces difficultés naturelles, les deux menaces les plus importantes pour les réserves d'eau douce sont l'accroissement de la population mondiale (VOIR P. 22) et ***l'urbanisation***. Les consommations en eau ont été multipliées par 7 entre 1900 et 2000, et cette progression ne saurait ralentir : dans les ***pays industrialisés***, la consommation d'eau est 6 fois plus importante que dans les ***pays en développement***.

Une mauvaise répartition

L'eau n'est pas accessible de la même façon partout dans le monde. Aujourd'hui, une dizaine d'États (Brésil, États-Unis, Canada, Russie, Chine, Indonésie, Colombie, Inde, Pérou…) se partagent 60 % des ressources naturelles d'eau douce. Une trentaine de pays sont en situation de pénurie.

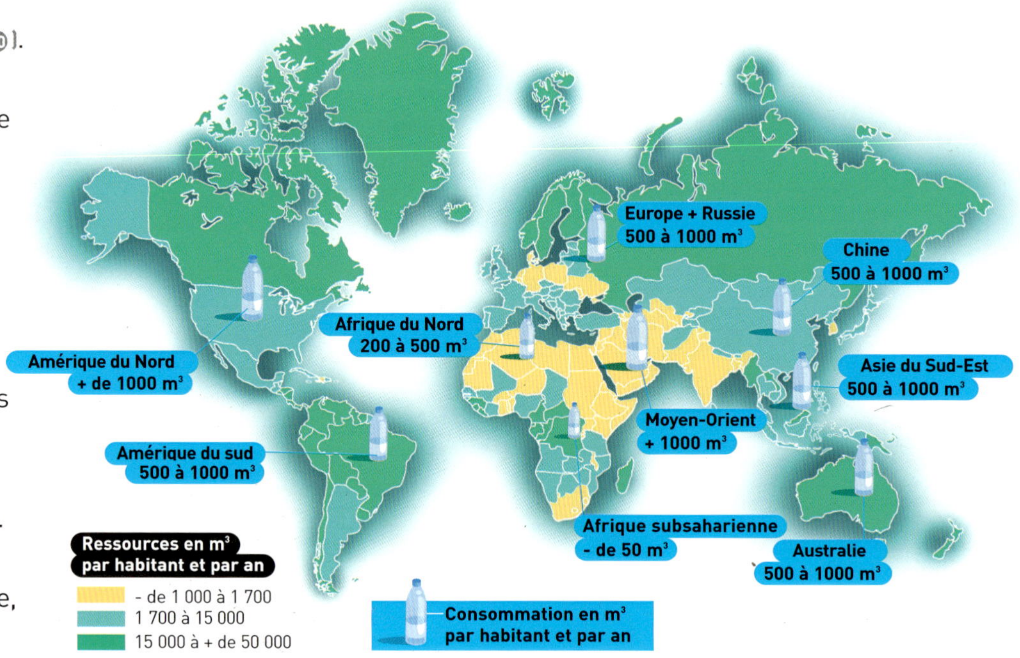

zoom Comment l'eau est consommée

Depuis que l'homme cultive la terre, c'est dans le domaine de l'agriculture que ses besoins en eau sont les plus importants.

Les agriculteurs utilisent près de 67 % du total de l'eau consommée. L'eau leur est indispensable pour l'irrigation et l'alimentation du bétail. Dans les pays en développement où l'agriculture est la principale activité économique, ce pourcentage dépasse 80 % de la consommation. Avec l'accroissement de la population, le défi de l'agriculture est de fournir davantage de produits alimentaires tout en prélevant moins d'eau.

Le secteur industriel est le deuxième consommateur d'eau avec environ 20 % du total. Presque tous les types d'industrie ont des besoins en eau. En effet, la fourniture d'eau en continu est nécessaire à la production industrielle (eaux de chaudière, de refroidissement, eaux de lavage, de protection contre les incendies, etc.)

Les industries les plus gourmandes en eau sont celles du papier, de la chimie et l'industrie agroalimentaire. La consommation domestique (sanitaires, entretien, boissons) et collective (nettoyage des villes, des magasins, etc.) ne représente que 13 % environ du total mondial.

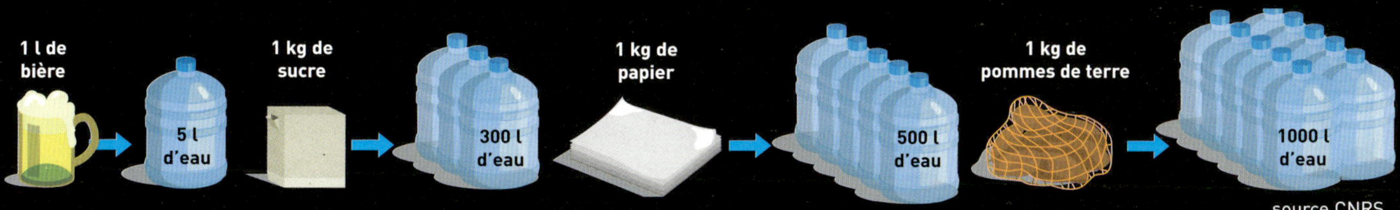

source CNRS

Il faut entre 50 000 à 80 000 litres d'eau pour remplir une seule piscine privée...

L'eau souillée et gaspillée

Disposer de ressources en eau douce suffisantes dans les rivières, les lacs et les ***nappes phréatiques*** ne donne pas l'assurance de pouvoir la consommer sans souci. En effet, les réserves de certaines régions sont souillées par la pollution agricole, industrielle ou domestique (VOIR P. 106). Trop pollués, les ***écosystèmes*** (comme le sol qui filtre l'eau par exemple) ne parviennent plus à jouer leur rôle de régulateur et de purificateur. Cet « or bleu » peut aussi être gaspillé ou géré de manière inconsciente, au mépris de la reconstitution des nappes phréatiques. Ainsi, les populations des ***mégalopoles*** ont des besoins si importants et si localisés qu'elles peuvent épuiser en quelques dizaines d'années les ressources souterraines dont la formation avait demandé plusieurs siècles.

Mieux assainir les eaux usées

Pour protéger les ressources en eau, il est impératif de lutter en amont contre la pollution des rivières, des lacs et des nappes souterraines. À ce titre, la dépollution des ***eaux usées*** est un impératif pour assurer la protection sanitaire des populations et garantir la préservation de l'état des ressources. De nombreuses usines de traitement et d'assainissement des eaux ont ainsi été construites dans les pays occidentaux. Dans les ***pays en développement*** qui connaissent les plus fortes ***urbanisations*** (VOIR P. 23), beaucoup d'efforts restent à réaliser pour rénover, améliorer ou équiper des installations vieillissantes ou même inexistantes.

Rendre l'eau potable

« Nous buvons 90 % de nos maladies », a déclaré Louis Pasteur au XIXe siècle. Et il avait raison : aujourd'hui, 5 millions de personnes meurent chaque année en buvant de l'eau polluée. Parallèlement à la limitation des sources de pollution, la question du traitement de l'eau, comme de l'accès des populations au

LE TRAITEMENT DE L'EAU

L'eau est traitée pour être rendue potable à travers **différentes étapes** qui peuvent varier selon la qualité de la ressource. La filière de traitement classique est la suivante :

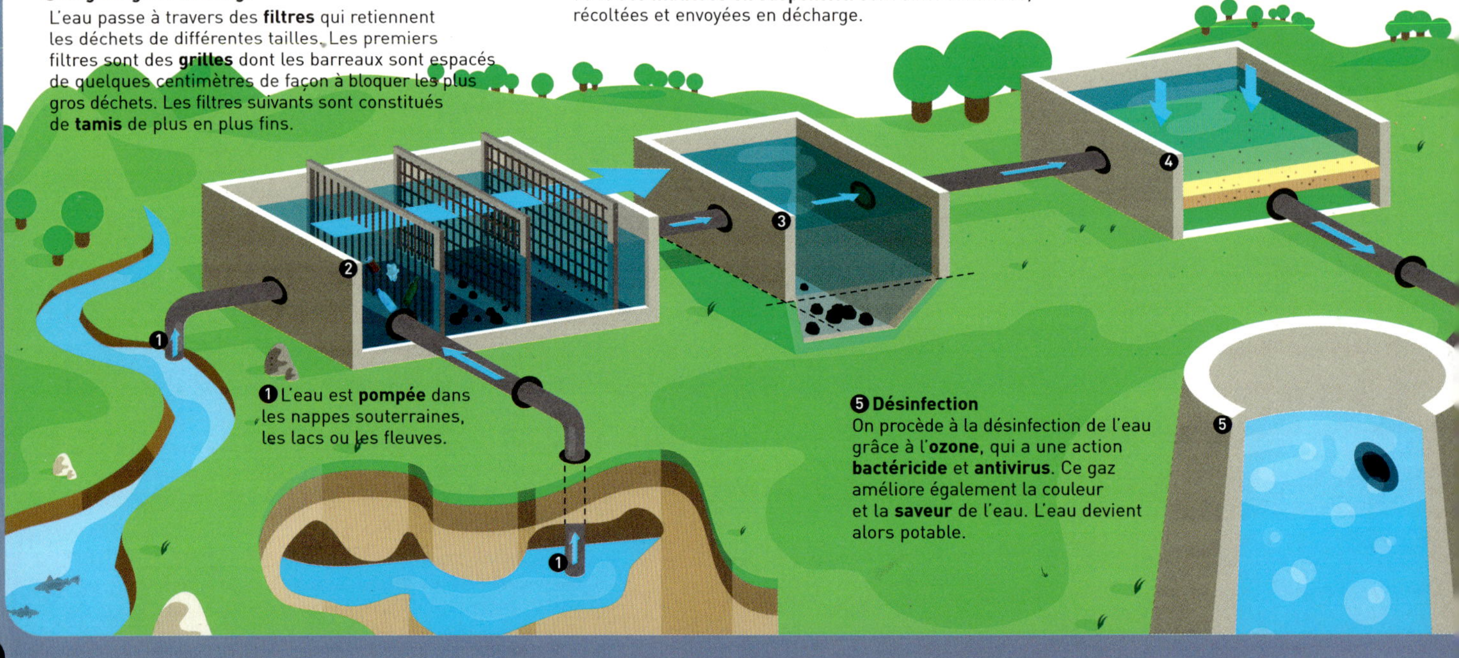

1 L'eau est **pompée** dans les nappes souterraines, les lacs ou les fleuves.

2 Dégrillage et tamisage
L'eau passe à travers des **filtres** qui retiennent les déchets de différentes tailles. Les premiers filtres sont des **grilles** dont les barreaux sont espacés de quelques centimètres de façon à bloquer les plus gros déchets. Les filtres suivants sont constitués de **tamis** de plus en plus fins.

3 Floculation et décantation
Au fil de son parcours dans l'usine, l'eau est traitée successivement par **floculation, décantation** et **filtration**, de manière à éliminer les matières organiques, les particules de graisse et les poussières. Ces impuretés sont agglutinées par des **produits coagulants** qui les rassemblent en flocons plus lourds que l'eau et qui tombent au fond des bassins. 90 % des **matières en suspension** sont ainsi éliminées, récoltées et envoyées en décharge.

4 Filtration
L'eau filtrée traverse un dernier filtre, lit de sable fin ou à charbon actif, qui retient les dernières particules en suspension et les **micro-polluants** comme les pesticides.

5 Désinfection
On procède à la désinfection de l'eau grâce à l'**ozone**, qui a une action **bactéricide** et **antivirus**. Ce gaz améliore également la couleur et la **saveur** de l'eau. L'eau devient alors potable.

réseau public d'eau potable et d'assainissement est devenue une urgence absolue. Mais rendre la ressource en eau douce disponible propre à la consommation nécessite des investissements importants. Le ***recyclage*** des eaux est une bonne alternative pour ne pas surexploiter les eaux douces disponibles,

Recycler les eaux usées

Le recyclage des ***eaux usées*** permet aujourd'hui de satisfaire certains besoins en eau des zones arides : irriguer les récoltes, arroser des espaces verts, et alimenter des installations industrielles. La production d'énergie électrique, le raffinage, la papeterie ou la microélectronique réutilisent notamment les eaux dépolluées. L'eau recyclée permet aussi de recharger les nappes d'eau souterraine. Le recyclage des eaux usées et leurs multiples valorisations sont à développer, car le volume des eaux usées ne cesse d'augmenter avec le progrès économique.

question d'enfant

L'EAU RECYCLÉE EST-ELLE POTABLE ?

Oui. Les nouvelles technologies de traitement permettent maintenant de rendre potables certaines eaux usées. Mais, dans la quasi-totalité des cas, les eaux usées recyclées ne sont pas potables car elles sont produites à des fins industrielles ou agricoles.

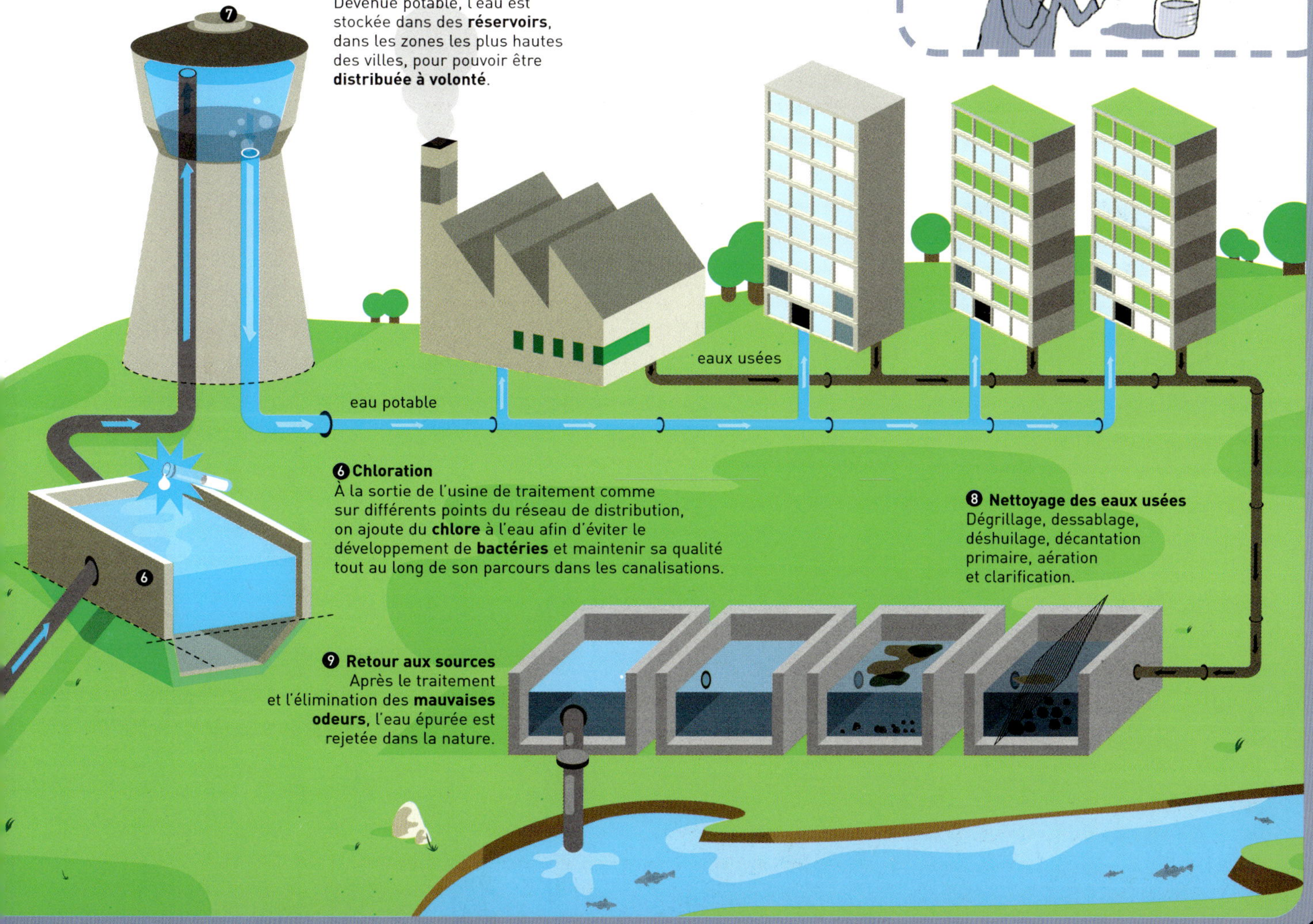

7 Stockage
Devenue potable, l'eau est stockée dans des **réservoirs**, dans les zones les plus hautes des villes, pour pouvoir être **distribuée à volonté**.

6 Chloration
À la sortie de l'usine de traitement comme sur différents points du réseau de distribution, on ajoute du **chlore** à l'eau afin d'éviter le développement de **bactéries** et maintenir sa qualité tout au long de son parcours dans les canalisations.

8 Nettoyage des eaux usées
Dégrillage, dessablage, déshuilage, décantation primaire, aération et clarification.

9 Retour aux sources
Après le traitement et l'élimination des **mauvaises odeurs**, l'eau épurée est rejetée dans la nature.

Au Chili, ces immenses filets permettent de capter l'humidité des nuages.

Développer des ressources alternatives

Il convient aussi d'économiser les ressources en eau douce en trouvant des ressources alternatives, telles que les eaux usées ou l'eau de mer. Il est ainsi techniquement possible de recycler les eaux usées pour leur donner une nouvelle vie. Après avoir été « lavée », cette eau est principalement utilisée dans les secteurs agricoles ou industriels. Elle peut aussi être injectée dans les ***nappes phréatiques*** pour les recharger. D'autres innovations sont apparues depuis quelques années comme l'installation de grands filets tendus dans les déserts chiliens et namibiens. En captant l'humidité des nuages de brouillard, ces filets alimentent en eau pure les villages les plus proches. Mais l'effort principal pour économiser la ressource en eau douce doit être la lutte contre le gaspillage, en particulier en agriculture, puis en industrie et chez les consommateurs. Les fuites sur le réseau d'acheminement représentent parfois plus de 50 % de l'eau distribuée dans les ***pays en développement***. Par un meilleur entretien, ce sont autant de personnes en plus qui pourraient avoir accès à l'eau potable dans certains pays.

chiffres

Combien de litres d'eau pour obtenir 1 kg de...

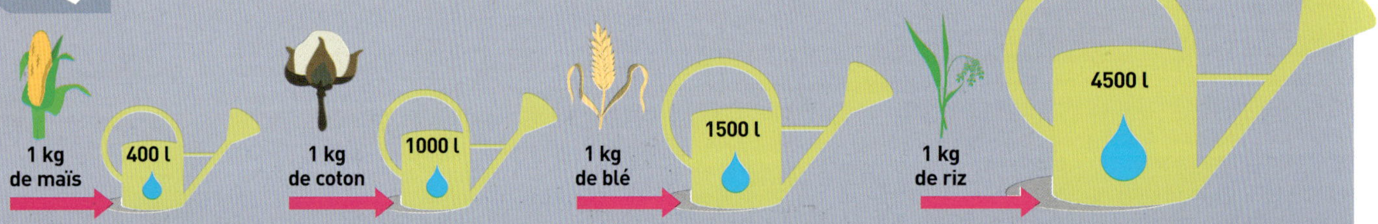

zoom Dessaler l'eau de mer

La transformation de l'eau de mer en eau potable pourrait apporter une solution au problème de la pénurie d'eau douce. Cette technique n'est pas encore très répandue car elle est onéreuse, mais au fil des années, son prix devient de plus en plus compétitif

Depuis quelques années, des procédés industriels ont été mis en œuvre pour fournir de l'eau douce à travers le monde aux populations des côtes (un quart de la population mondiale vit à moins de 25 km des océans). Les deux procédés les plus couramment utilisés sont le dessalement thermique et le dessalement par membrane.

Le premier consiste à évaporer l'eau de mer en la chauffant dans une chaudière. En condensant la vapeur d'eau obtenue, il est alors possible d'obtenir une eau douce consommable.

La seconde, dite « d'osmose inverse », repose sur la filtration de l'eau de mer propulsée à très haute pression à travers une membrane percée de trous minuscules, laissant passer l'eau mais retenant les bactéries et le sel.

En 2005, environ 1 % de l'eau potable du monde a été produit par dessalement de l'eau de mer.

Une **usine de dessalement** de l'eau de mer.

L'enjeu de l'eau potable

Aujourd'hui, La ***bonne gestion*** des ressources en eau douce est devenue l'un des ***défis*** majeurs de l'humanité. Assurer ***l'accès*** à l'eau et à l'assainissement partout dans le monde au XXIe siècle permettra d'agir immédiatement sur la ***santé*** des plus fragiles, de ***protéger l'environnement***, de limiter les risques de ***conflits*** et de diminuer les ***inégalités*** sociales.

- LES ENJEUX SANITAIRES
- LES ENJEUX SOCIAUX
- LES ENJEUX ENVIRONNEMENTAUX
- LES ENJEUX GÉOPOLITIQUES

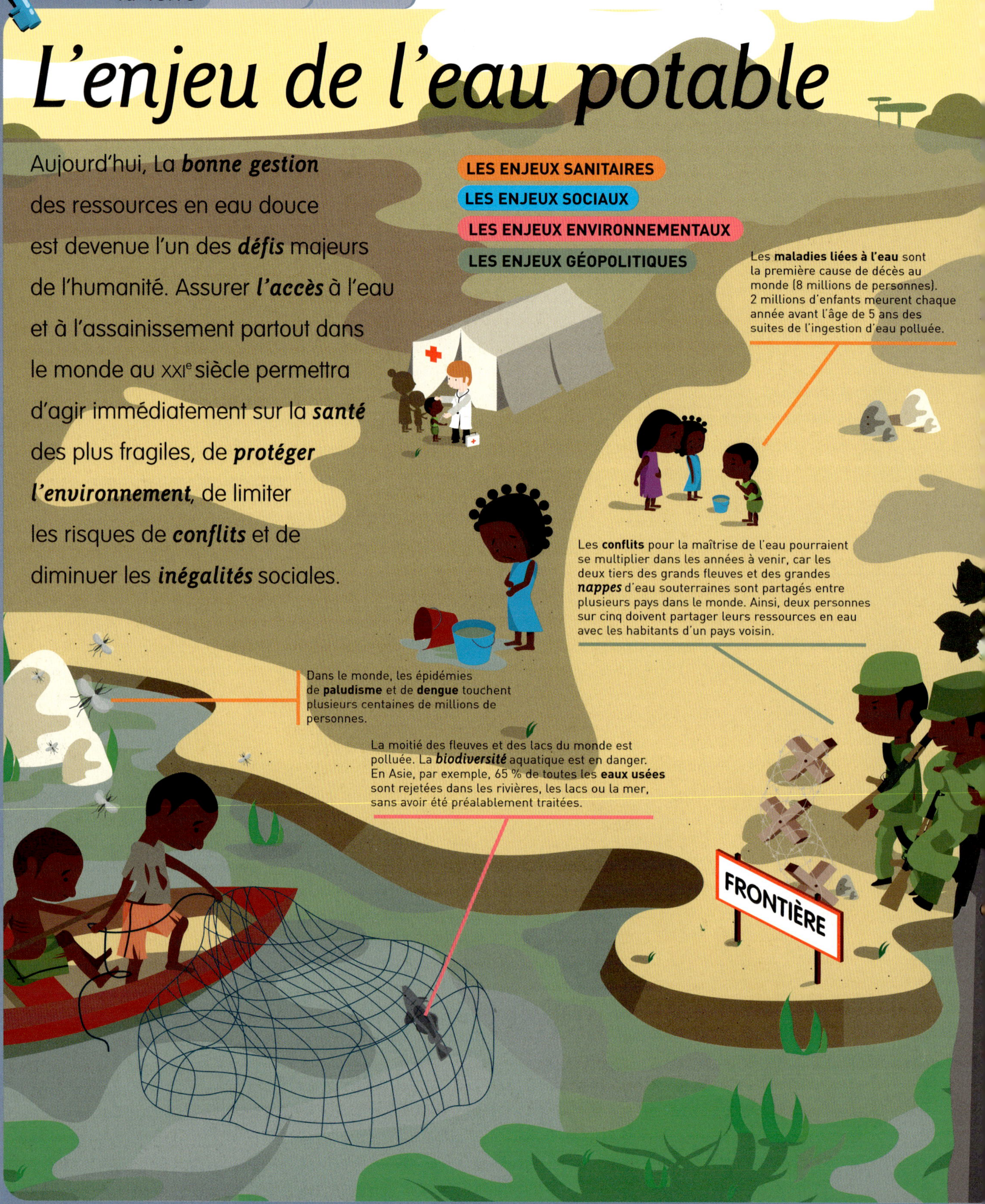

Les **maladies liées à l'eau** sont la première cause de décès au monde (8 millions de personnes). 2 millions d'enfants meurent chaque année avant l'âge de 5 ans des suites de l'ingestion d'eau polluée.

Les **conflits** pour la maîtrise de l'eau pourraient se multiplier dans les années à venir, car les deux tiers des grands fleuves et des grandes ***nappes*** d'eau souterraines sont partagés entre plusieurs pays dans le monde. Ainsi, deux personnes sur cinq doivent partager leurs ressources en eau avec les habitants d'un pays voisin.

Dans le monde, les épidémies de **paludisme** et de **dengue** touchent plusieurs centaines de millions de personnes.

La moitié des fleuves et des lacs du monde est polluée. La ***biodiversité*** aquatique est en danger. En Asie, par exemple, 65 % de toutes les **eaux usées** sont rejetées dans les rivières, les lacs ou la mer, sans avoir été préalablement traitées.

Dans les zones rurales des ***pays en développement,*** l'absence d'eau potable renforce les inégalités. Dans les villages, ce sont les femmes et les enfants qui assurent la **corvée d'eau**, devant parfois parcourir plusieurs kilomètres. Les enfants, en particulier les petites filles, ne peuvent pas aller à l'école et les femmes n'ont pas le temps de se consacrer à des activités plus valorisantes.

Les populations des campagnes de certains pays ne bénéficient pas toujours d'**approvisionnement en eau.**

Pour survivre, ces populations doivent gagner les villes où elles achètent l'eau auprès de **vendeurs ambulants.** Elles la paient parfois 20 fois le prix normal et ne peuvent contrôler sa qualité. Cet afflux de populations à faibles revenus entraîne souvent des **crises sanitaires.**

La moitié des **zones humides** ont disparu de la planète depuis le début du XXe siècle. En Ouzbekistan, la mer d'Aral, autrefois grande comme le Portugal, a ainsi perdu les deux tiers de son volume d'eau en 40 ans à cause d'une **irrigation** excessive pour la culture du coton.

ES GRANDS FLEUVES DU MONDE : DES SOURCES DE TENSIONS POLITIQUES

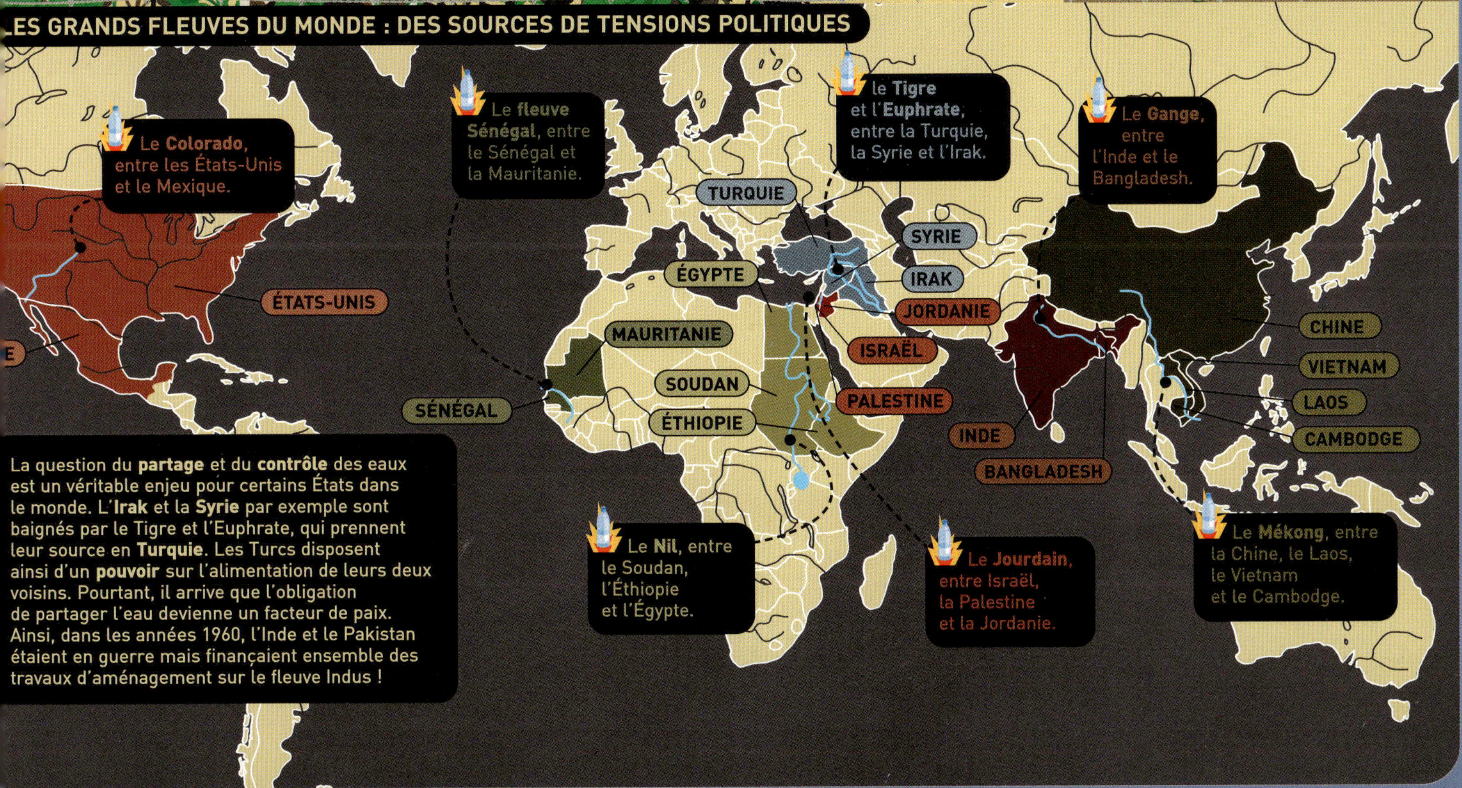

Le **Colorado,** entre les États-Unis et le Mexique.

Le **fleuve Sénégal**, entre le Sénégal et la Mauritanie.

le **Tigre** et l'**Euphrate**, entre la Turquie, la Syrie et l'Irak.

Le **Gange,** entre l'Inde et le Bangladesh.

Le **Nil**, entre le Soudan, l'Éthiopie et l'Égypte.

Le **Jourdain,** entre Israël, la Palestine et la Jordanie.

Le **Mékong**, entre la Chine, le Laos, le Vietnam et le Cambodge.

La question du **partage** et du **contrôle** des eaux est un véritable enjeu pour certains États dans le monde. L'**Irak** et la **Syrie** par exemple sont baignés par le Tigre et l'Euphrate, qui prennent leur source en **Turquie**. Les Turcs disposent ainsi d'un **pouvoir** sur l'alimentation de leurs deux voisins. Pourtant, il arrive que l'obligation de partager l'eau devienne un facteur de paix. Ainsi, dans les années 1960, l'Inde et le Pakistan étaient en guerre mais finançaient ensemble des travaux d'aménagement sur le fleuve Indus !

Urbanisation

6.

Tri

Lutter contre les pollutions

Recyclage

Depuis le milieu du XIXe siècle, ***l'augmentation de la production de déchets*** et l'accroissement de la **pollution** des eaux, de l'atmosphère et des sols menacent la planète. Amplifiées un siècle plus tard par l'essor démographique et la transformation des modes de production et de consommation, ces pollutions sont également dangereuses pour la santé. Il est temps aujourd'hui de **limiter** les rejets polluants, de ***recycler*** le plus possible de déchets et d'eaux usées, et de les ***restituer*** à la nature de la façon la moins dommageable.

La pollution de l'air et des sols

En évolution permanente depuis le milieu du XIXe siècle, la pollution de l'air et des sols est une menace pour la santé des hommes et les grands équilibres planétaires.

Principaux types de polluants et leurs origines :

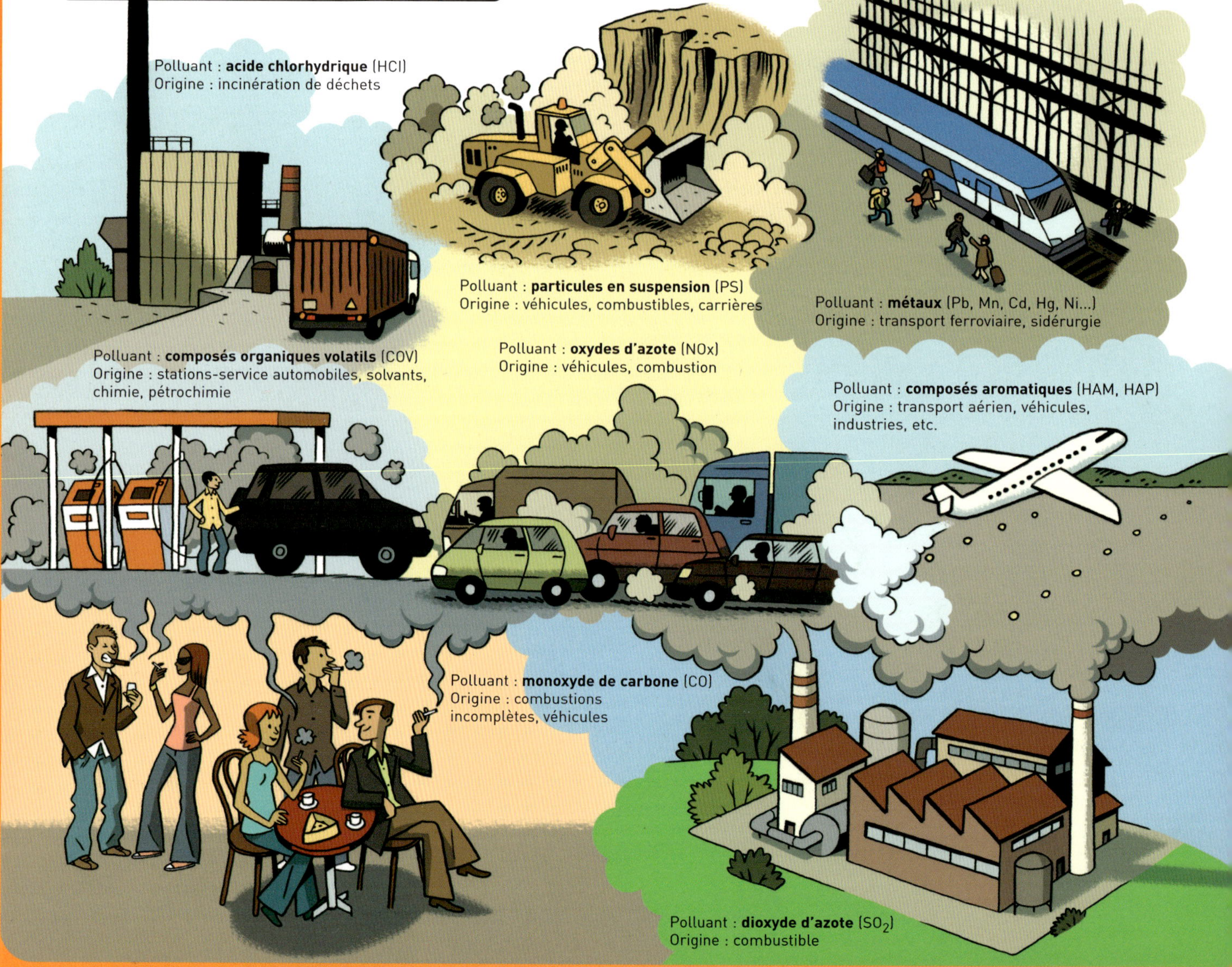

Menaces sur l'atmosphère

La production d'***électricité***, l'industrie et les transports sont les principaux secteurs responsables de la pollution atmosphérique (près de 25 milliards de tonnes de CO_2 en 2005). Certains polluants s'élèvent et bouleversent les grands équilibres de ***l'atmosphère***, renforçant l'effet de serre (VOIR INFO +) et élargissant la taille du trou dans la ***couche d'ozone***. D'autres polluants, dangereux pour la santé (oxydes d'azote, particules...), stagnent à hauteur d'homme ou se répandent dans la nature sous la forme de pluies acides. Jusqu'aux années 1970, de nombreux scientifiques pensaient que la pollution atmosphérique des zones industrialisées ou urbaines restait très localisée. C'est-à-dire qu'un habitant de Sydney (Australie) n'avait pas à s'inquiéter de la pollution de Bombay (Inde). Or, au gré des réactions chimiques (deux polluants non dangereux peuvent devenir toxiques en se mélangeant) et des caprices de la météo, l'air contaminé se disperse ou s'accumule, se transforme et voyage, sans que l'homme ne puisse plus rien contrôler. Aujourd'hui, les effets destructeurs de la pollution de l'air sont parfaitement perceptibles à l'échelle planétaire (VOIR P. 19). Pour sauver la Terre, les hommes ont décidé au sommet de Kyoto (VOIR P. 27) de diviser par deux les émissions de gaz à ***effet de serre*** dans les cinquante prochaines années !

info+

L'EFFET DE SERRE

Grâce à la couche de gaz à effet de serre naturels (vapeur d'eau, gaz carbonique, méthane…) de son atmosphère, la planète bénéficie d'une température agréable. En effet, ces gaz laissent passer la lumière du soleil et empêchent une partie du rayonnement émis par le sol de repartir vers l'espace. Mais depuis le début de l'ère industrielle, l'homme a bouleversé cet équilibre. La combustion des énergies fossiles en particulier a augmenté l'épaisseur de la couche de gaz à effet de serre. Les rayonnements, bloqués, repartent vers le sol et réchauffent la planète. La seule solution est de réduire les émissions de ces gaz. C'est le principe retenu lors de l'accord de Kyoto (VOIR P. 27).

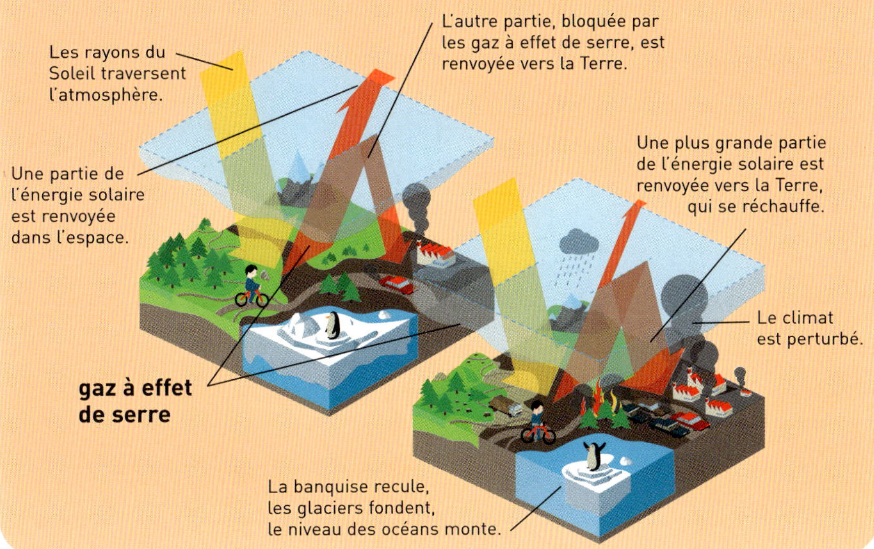

Le cas des transports

Aujourd'hui, les véhicules sont responsables de plus du tiers des rejets de CO_2 dans l'atmosphère. Ce taux important est lié à la révolution démographique (VOIR P. 22), aux nouveaux besoins de mobilité et aux échanges commerciaux (depuis 1850, le trafic de marchandises a été multiplié par 1 000 et celui des voyageurs a triplé). Les estimations les plus mesurées prévoient qu'il y aura en 2010 plus de 800 millions de véhicules à moteur sur Terre (soit 100 millions de plus qu'en 2003) ! La pollution étant causée par la combustion des ***énergies fossiles***, de nombreuses alternatives sont proposées par les chercheurs >>>

>>> pour limiter les rejets.
Les ***biocarburants*** (VOIR P. 99) comme le biodiesel ou le bioéthanol peuvent être utilisés directement dans des moteurs en tant que substituts du diesel pétrolier ou mélangés à celui-ci. Ils sont beaucoup moins polluants que le diesel ou l'essence, mais le bilan CO_2 des biocarburants n'est pas neutre compte tenu de l'énergie nécessaire à leur production. Ainsi, remplacer le pétrole utilisé dans les transports en France nécessiterait une surface cultivée en tournesols supérieure à la surface totale du pays ! De nombreux essais ont été réalisés également pour fabriquer des voitures électriques. Mais si les possibilités techniques sont réelles, les véhicules actuels sont souvent chers à l'achat et d'une autonomie limitée.
Les pouvoirs publics doivent également promouvoir l'usage des transports en commun, si possible utilisant des biocarburants, du GPL (Gaz de pétrole liquéfié) ou de l'électricité.
De même, le transport ferroviaire de marchandises, comparé à l'alternative routière, présente des avantages environnementaux qui contribuent à la limitation de la pollution (la route génère 8 fois plus de CO_2 que le rail), à la fluidité de la circulation routière et à la limitation des risques d'accidents de la route.

À Singapour, la source principale de pollution de l'air provient des combustibles fossiles utilisés par les industries et les véhicules.

La pollution urbaine

En dehors des transports, la pollution urbaine est engendrée essentiellement par les usines, le chauffage ou, à un moindre niveau, par les incinérateurs. Ainsi, alors que les villes occidentales ont vu leurs

Comparaison entre les différents moyens de transport

Rejets pour 1 km (en grammes équivalents CO_2)

Vélo = 0 gramme

Train = 11 grammes

Voiture de taille moyenne à essence = 50 grammes

Bus = 90 grammes

Ces chiffres sont à pondérer par le fait qu'un bus par exemple transporte en moyenne 30 voyageurs quand la voiture n'en transporte que 3 à 4...

émissions de dioxyde d'azote se stabiliser ou diminuer entre 1995 et 2005, la pollution dans les grandes agglomérations des ***pays en développement*** ne cesse de croître. Les industries peuvent également souiller l'***atmosphère*** s'il survient un accident. En décembre 1984, une usine d'engrais chimiques a explosé à Bhopal (Inde) en pleine nuit. 27 tonnes de gaz toxiques se sont libérées et ont tué en quelques heures près de 8 000 personnes. Et plus de 100 000 personnes souffrent encore de maladies liées à cette catastrophe.

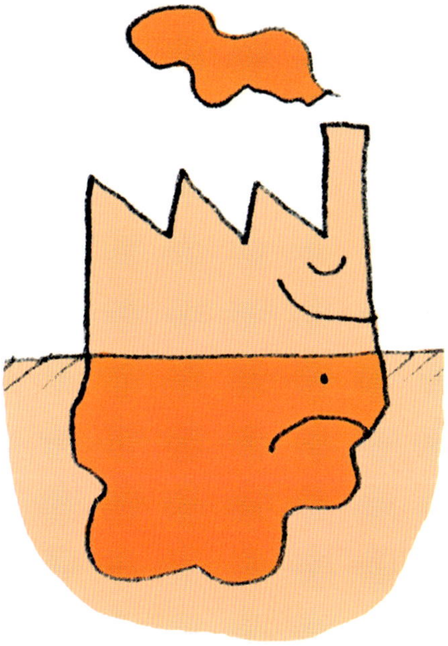

La pollution des sols

Innombrables, les sites pollués sont très dangereux pour les équilibres de la nature et la santé des hommes. Certains ont été souillés à cause de l'utilisation exagérée de produits chimiques. Mais la plupart se trouvent sous des sites industriels en activité ou abandonnés, des décharges mal gérées ou des zones de stockages d'***hydrocarbures***. Cette pollution peut survenir accidentellement, suite à la rupture d'une canalisation par exemple. Elle peut aussi s'exercer sur plusieurs années, conséquence d'une fuite non décelée entraînant des infiltrations de substances toxiques. Il n'existe pas d'inventaire complet, au niveau mondial, des sites pollués. Seuls certains ***pays industrialisés*** ont effectué ce recensement : en 2005, les États-Unis en ont dénombré près de 350 000 sur leur territoire et l'Union européenne plus d'un million. Les substances toxiques peuvent contaminer de différentes façons. Ainsi, un polluant peut être absorbé par les racines d'une plante puis être consommé ou se répandre dans un réseau d'eau potable (1 gramme d'hydrocarbure pollue 1 m^3 d'eau). Les risques résultent aussi d'exposition aux polluants même à faible dose pendant une longue durée. Après analyse des sols, des mesures d'urgence doivent être adoptées comme le confinement ou l'enlèvement des substances toxiques. Il existe de nombreuses techniques très complexes de remise en état d'un site contaminé selon la nature du terrain et des polluants (VOIR P. 108).

info+

LE TROU DANS LA COUCHE D'OZONE

La couche d'ozone protège la ***biosphère*** en filtrant les rayonnements solaires ultraviolets dirigés vers le sol. Elle a été dégradée, à partir des années 1980, par certaines substances chimiques émises dans l'atmosphère comme les ***chlorofluorocarbures (CFC)***, gaz présents dans les aérosols et les réfrigérateurs. Ces gaz ont été progressivement éliminés dans les pays industrialisés après la signature du protocole de Montréal (VOIR P. 26), en 1987, et doivent disparaître des pays en développement vers 2010. Mais leur durée de vie est très longue, et les scientifiques estiment que la couche d'ozone ne sera reconstituée qu'en 2050.

Monospace = 200 grammes

4 x 4 = 190 à 400 grammes

Avion = 360 grammes

La pollution de l'eau

Nappes phréatiques, fleuves, lacs ou océans, toutes les réserves en eau de la planète sont aujourd'hui touchées par la pollution !

Des pollutions multiples

Les pollutions de l'eau peuvent être de nature chimique (arsenic, plomb, ***hydrocarbures***...) ou biologique (graisse, bactéries...). L'eau peut avoir été souillée par des rejets urbains (savon, lessive, eau des hôpitaux...), agricoles (insecticides, désherbants, ***engrais***...) ou industriels (métaux). La pollution peut aussi provenir des pluies qui se chargent d'impuretés au contact de l'air (fumées industrielles, gaz d'échappement...) ou qui ruissellent sur les toits avant de contaminer les eaux de surface ou les nappes souterraines. La pollution des eaux peut être quotidienne (eaux usées domestiques des villes), saisonnière (augmentation de l'utilisation des ***pesticides*** au printemps) ou encore accidentelle (déversement d'un camion-citerne dans une rivière).

Détroit du Mackinac, entre le lac Michigan et le lac Huron.
Les scientifiques ont relevé plus de 300 composés chimiques anormaux dans l'eau des Grands lacs américains, source d'eau potable pour des millions d'habitants.

Des conséquences désastreuses

En Asie, tous les fleuves traversant des villes sont pollués, comme 50 des 55 fleuves d'Europe ! Et au final, toutes ces pollutions se déversent dans les mers et les océans. Quelle que soit son origine, cette pollution a des effets sur la santé. Aujourd'hui, le contrôle de l'eau est très strict dans les ***pays industrialisés***, mais la situation est grave dans les ***pays en développement*** : 80 % de toutes les maladies affectant les pays du Sud sont dues à la consommation d'eaux polluées (VOIR P. 116). 5 millions de personnes en meurent chaque année. En outre, la présence en trop grande quantité de substances indésirables dans

l'eau a des impacts catastrophiques sur l'environnement.
La transformation et l'élimination naturelle de la pollution ne pouvant plus s'effectuer lorsqu'elle est trop importante, la faune et la flore sont très vite en danger. D'autant plus que les éléments toxiques peuvent se déplacer très rapidement en aval du lieu de contamination et que les animaux aquatiques sont plus fragiles que les animaux terrestres. En 2005, suite à une explosion dans une usine pétrochimique, une nappe de benzène longue de 80 km a pollué le fleuve chinois Songhua, et tué des dizaines de milliers de poissons en quelques jours. Enfin, ce type de pollution peut avoir des conséquences sur l'économie d'une ville, d'une région ou d'un pays. Les traitements locaux de l'eau ont des coûts parfois élevés, comme peuvent l'être ceux de son transport s'il faut recourir à des sources plus éloignées.

info+

LES NAPPES PHRÉATIQUES

De nombreux produits utilisés en ***agriculture***, comme les nitrates et les herbicides, peuvent aussi polluer des nappes souterraines par infiltration. Les effets sont plus durables que dans les rivières ou les fleuves car le renouvellement des eaux profondes est très lent. Malheureusement, il est difficile de surveiller les ***nappes phréatiques*** car des pollutions très éloignées peuvent les contaminer après plusieurs années de voyage souterrain.

zoom Marée noire et dégazage

Chaque année, les océans sont souillés par plus de 1,5 million de tonnes d'hydrocarbures. Une pollution qui est malheureusement trop souvent volontaire !

En 2002, le *Prestige* sombre au large des côtes espagnoles alors qu'il transporte 77 000 tonnes de pétrole. Il entraîne une ***marée noire*** représentant plus de la moitié des 150 000 tonnes de pétrole rejetées accidentellement chaque année. En général, les pétroliers responsables de ces catastrophes écologiques sont en mauvais état. Ainsi, entre 1992 et 1999, 77 pétroliers ont été perdus en mer, dont 60 avaient plus de vingt ans. Mais ces marées noires sont bien moins importantes en volume que les opérations sauvages de dégazage (les bateaux vident les restes d'***hydrocarbures*** présents dans leurs cuves) opérées chaque année dans la plus grande illégalité. En moyenne, après un naufrage non loin des côtes, 15 % des polluants pétroliers s'évaporent dans l'***atmosphère***, 15 % s'échouent sur le littoral et le reste se disperse dans l'eau ou pénètre dans les sols marins. Les conséquences sur la faune et la flore sont très importantes et sont perceptibles pendant près de dix ans.

Protéger la Terre à tout prix

Conséquences dramatiques des activités humaines et du développement économique, les pollutions de l'**atmosphère**, de la terre et de l'eau tuent la planète à petit feu. Mais si la situation est grave, elle n'est pas encore désespérée. Des décisions politiques ou industrielles et des choix **écocitoyens** dans le mode de consommation peuvent limiter ces rejets polluants. Tous les habitants de la Terre doivent participer à ce combat pour la sauver dans un premier temps, puis pour la protéger.

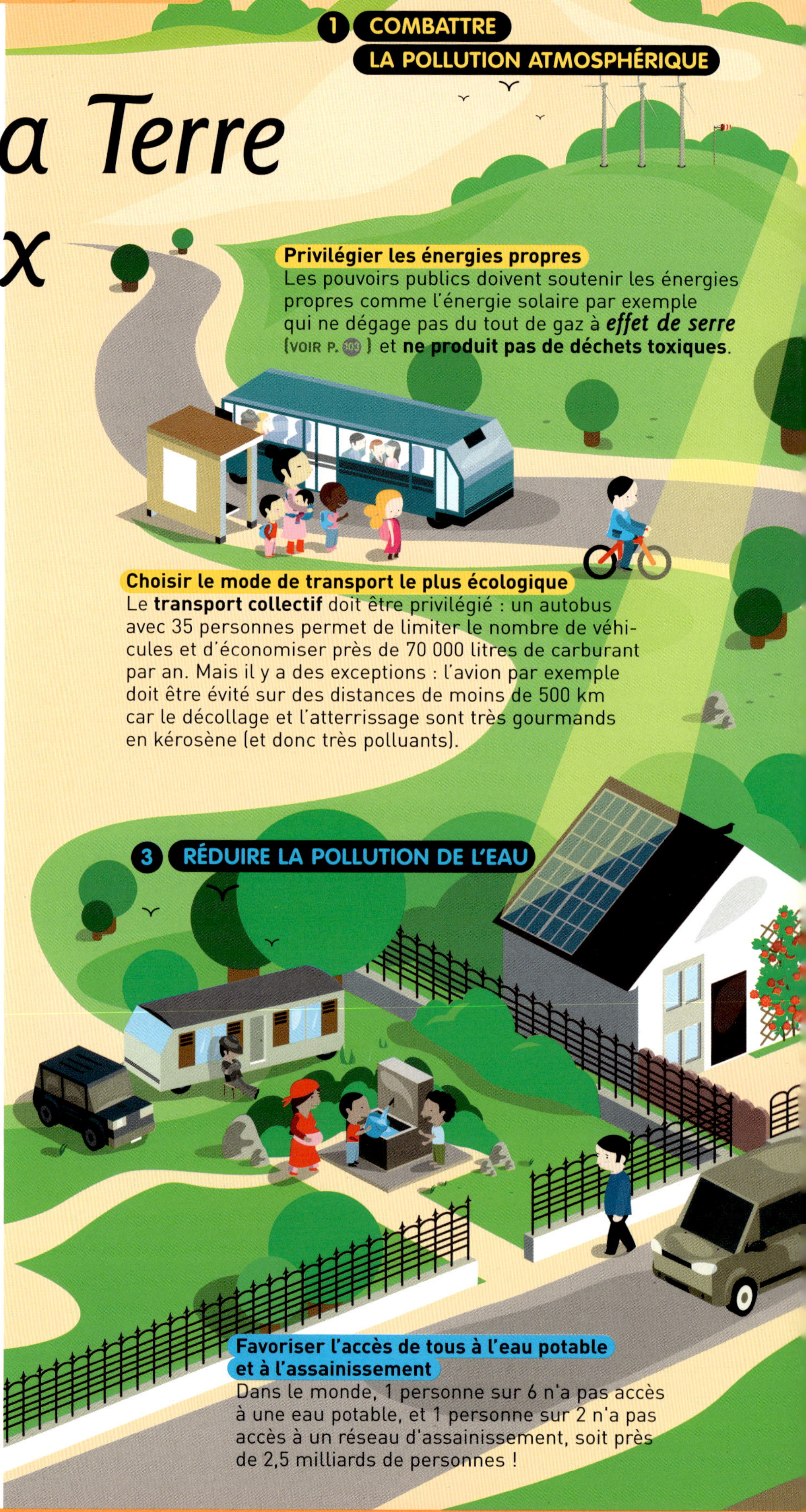

1 COMBATTRE LA POLLUTION ATMOSPHÉRIQUE

Privilégier les énergies propres

Les pouvoirs publics doivent soutenir les énergies propres comme l'énergie solaire par exemple qui ne dégage pas du tout de gaz à ***effet de serre*** (VOIR P. 103) et **ne produit pas de déchets toxiques**.

Choisir le mode de transport le plus écologique

Le **transport collectif** doit être privilégié : un autobus avec 35 personnes permet de limiter le nombre de véhicules et d'économiser près de 70 000 litres de carburant par an. Mais il y a des exceptions : l'avion par exemple doit être évité sur des distances de moins de 500 km car le décollage et l'atterrissage sont très gourmands en kérosène (et donc très polluants).

3 RÉDUIRE LA POLLUTION DE L'EAU

Favoriser l'accès de tous à l'eau potable et à l'assainissement

Dans le monde, 1 personne sur 6 n'a pas accès à une eau potable, et 1 personne sur 2 n'a pas accès à un réseau d'assainissement, soit près de 2,5 milliards de personnes !

Optimiser les rendements énergétiques

Pour éviter les gaspillages, des usines utilisent **la même source** pour produire à la fois de la chaleur et de l'électricité (VOIR P. 83). Ce mode de production permet d'économiser de 15 à 20 % d'énergie et parallèlement de limiter les émissions de CO_2.

Limiter ses consommations d'énergie

Il existe des milliers de manières de limiter le gaspillage d'énergie dans la vie quotidienne : en **isolant son logement** par exemple, il est possible de réduire la consommation de chauffage par 3 ou 4.

Limiter l'utilisation des *engrais*

Dans les pays développés, les **jardiniers amateurs** seraient responsables du quart de la pollution des nappes souterraines et des eaux de surface.

2 PRÉSERVER LES SOLS

Contrôler les centres de stockage des déchets

Les gestionnaires des centres de stockage doivent **veiller à leur étanchéité** (VOIR P. 115). L'eau de pluie qui traverse les couches de déchets doit être collectée et traitée. Quand les centres sont pleins et recouverts de terre, une surveillance à long terme est indispensable.

Planter pour dépolluer

Les chercheurs préconisent de **planter des végétaux** qui se nourrissent de polluants comme le plomb, le chrome ou l'arsenic : une espèce de chou est cultivée pour dépolluer le nickel enfoui dans certains sites !

Trier et recycler les *déchets*

Grâce au tri (VOIR P. 119), les matières contenues dans les déchets peuvent être réinsérées dans un processus industriel : c'est le ***recyclage*** ou « valorisation matière ». Le papier, le plastique et le verre sont dans presque tous les cas valorisables.

Empêcher tout rejet d'eaux usées dans le milieu naturel

Un litre d'**huile usagée** peut souiller une surface de 1 000 m² d'eau et supprimer toute trace de vie en empêchant l'oxygénation de la faune et de la flore.

La civilisation du déchet

Augmentant sans cesse depuis un siècle, la production de déchets menace l'environnement s'ils ne sont pas traités. Pour préserver la planète, la lutte contre le gaspillage doit être couplée avec la valorisation des déchets lorsqu'elle est possible.

Un problème croissant

Les hommes ont longtemps laissé à la nature le soin de gérer leurs ***déchets***. Ceux qui n'étaient pas utilisés pour nourrir les animaux étaient enfouis, brûlés ou utilisés comme ***engrais***. Jetées sur la voie publique dans les villes au Moyen Âge, ces ordures augmentaient gravement les risques de propagation des épidémies comme la Peste noire qui, au XIVe siècle, fit 25 millions de morts en Europe. Au XIXe siècle, l'***urbanisation*** et le développement économique ont eu pour conséquence d'augmenter la production et la consommation des déchets. Au même moment, devant le danger de transmission par les rats des bactéries présentes dans les ordures, les responsables des villes des ***pays industrialisés*** ont créé des réseaux de tout-à-l'égout et d'eau potable. Au XXe siècle, le traitement des déchets a accompagné l'essor

Reconstitution d'une ville du XIIIe siècle. Les rues sont alors d'une saleté repoussante. Le sol est couvert d'une boue où se mêlent excréments humains, déchets des tripiers, des bouchers et des tanneurs...

Les déchets ménagers

Balles de canettes en aluminium.

de l'urbanisation dans les pays industrialisés. Mais faute de moyens, cette mise en place n'a pas eu lieu partout. Dans les ***pays en développement***, les villes ne sont toujours pas dotées au XXIe siècle d'équipements modernes de gestion de déchets : moins de 50 % de la population mondiale bénéficie de services de collecte des ordures ménagères.

Des déchets très différents

Nombreux et variés, les déchets produits par les activités humaines peuvent être classés en trois catégories : les déchets ménagers (ordures ménagères, emballages), industriels (boues, ***hydrocarbures***, métaux, solvants...) et agricoles (pailles, fumiers, résidus de bois). Selon les pays, la répartition de la production des déchets est très différente. Les déchets industriels dépassent largement en volume les ordures ménagères dans les pays industrialisés : ils représentent entre 60 % (États-Unis) et 95 % (Finlande) des déchets produits. Dans les pays en développement, ils sont formés majoritairement d'épluchures.

La valorisation des déchets

Il est aujourd'hui possible de réduire la production de déchets en limitant les emballages, par exemple, ou en concevant des produits dont la fabrication limite au maximum les impacts sur l'environnement (on parle d'écoconception). Mais espérer ne produire aucun déchet est parfaitement illusoire. Les hommes ne pourront >>>

>>> jamais se passer de nourriture, de vêtements ou de chaussures. Pour réduire les menaces que font peser ces déchets sur la nature, il est donc capital d'organiser leur collecte, leur transport, leur traitement et leur élimination sans risque pour l'environnement et pour la santé humaine, tout en valorisant les ressources qu'ils contiennent. Les premières étapes sont la collecte et le tri afin de faciliter le ***recyclage*** et la réinsertion dans un cycle de production des matières premières contenues dans les ***déchets***. Certaines matières, comme le verre et l'acier, peuvent être recyclées à l'infini. D'autres, comme le papier-carton, une dizaine de fois. Parfois, le recyclage ne nécessite même pas de transformation. Une bouteille de verre peut parfois être réutilisée directement après simple lavage. Ce recyclage réduit le volume de déchets et économise les ressources naturelles de manière directe et indirecte puisqu'il permet d'importantes économies en énergie et en eau dans le processus de production. La récupération du verre permet d'économiser 33 % d'énergie par rapport à la production de verre neuf.

Apprendre à trier...
Chacun de nous a désormais à sa disposition des poubelles de couleurs différentes afin de pouvoir trier ses déchets.

Ces consignes de tri s'appliquent à Paris uniquement.

Des transformations surprenantes

Les matières solides ne sont pas les seules à pouvoir être recyclées. Les déchets agricoles (fumiers...), alimentaires (épluchures, fanes de radis...) ou les boues de stations d'épuration des eaux sont valorisables de deux façons. Broyés et décomposés, ils sont transformés en ***compost*** utilisé pour lutter contre l'appauvrissement des sols. Ils peuvent aussi être transformés en gaz grâce à la méthanisation, un processus de décomposition de matières organiques par des bactéries en l'absence d'air. Le ***biogaz*** est d'ores et déjà une alternative pour limiter le recours aux ***énergies fossiles*** en voie d'épuisement. En le brûlant, on peut produire de la chaleur, de l'***électricité*** ou les deux à la fois grâce au système de la ***cogénération*** (VOIR P. 103). Pour que ces installations de production de biogaz soient rentables, il est nécessaire de disposer de grandes quantités de déchets capables de fermenter à proximité (du fumier par exemple) pour limiter les dépenses de transport.

Le cycle du déchet

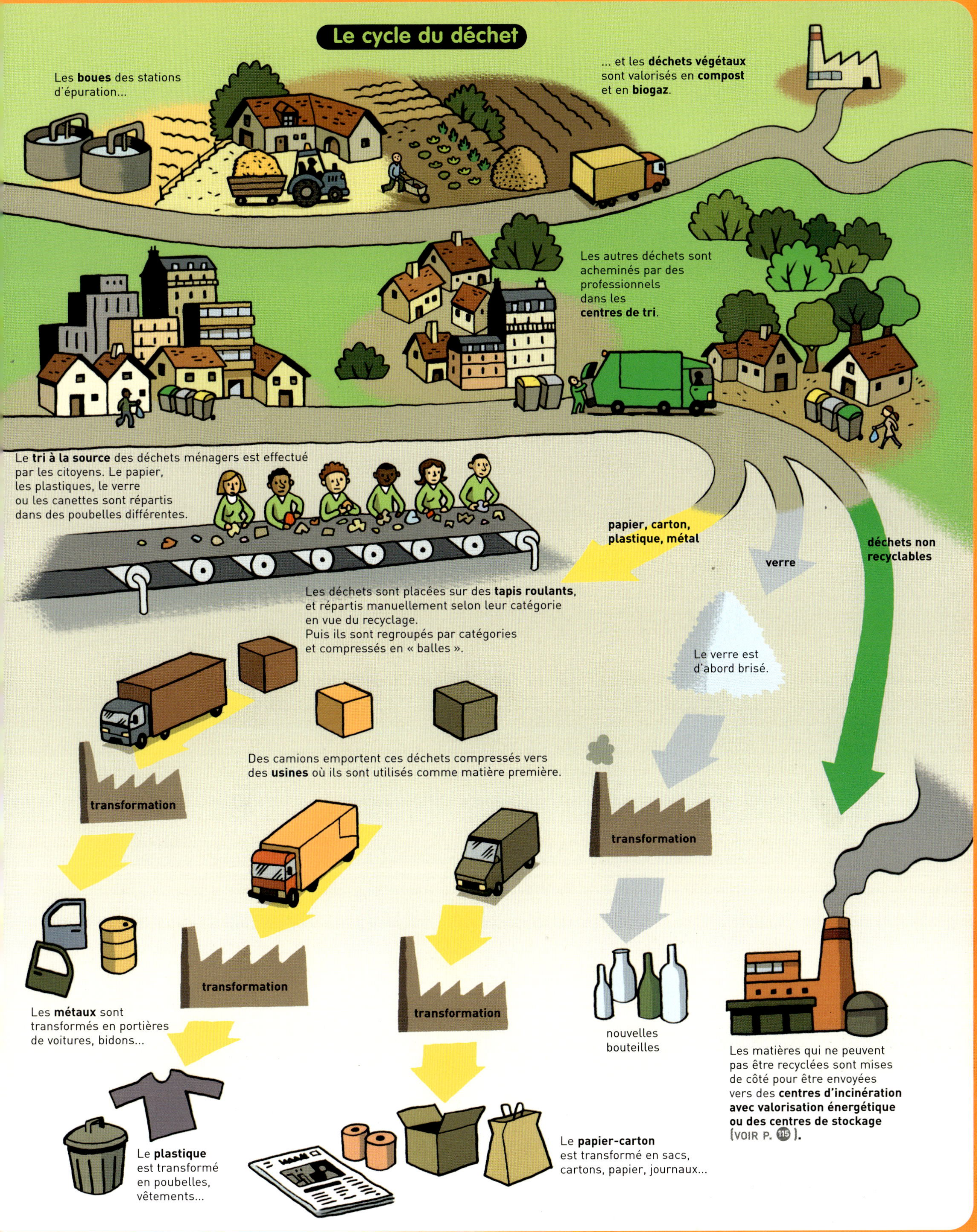

Que faire des résidus des déchets ?

Pour tous les ***déchets*** qui ne peuvent pas être transformés ou valorisés directement en matières premières, deux techniques principales sont utilisées pour traiter les résidus et les valoriser en énergie : l'***incinération*** et le stockage.

Le premier site d'incinération industrielle des déchets a été ouvert en 1870 à Paddington, en Angleterre. Depuis, cette technique s'est largement développée.

Lors de l'incinération, les résidus des déchets collectés par les camions-bennes sont déversés dans un four où ils sont brûlés à une température supérieure à 850 °C (pour s'assurer de détruire tous les éventuels contaminants, bactéries et autres). La vapeur qui est récupérée permet de produire de l'énergie électrique via une turbine et parfois, dans le même temps, de l'énergie thermique pour chauffer des bâtiments.

Ce système de ***cogénération*** (VOIR P. 83) permet de réaliser des économies sur l'achat de combustible, de limiter l'épuisement des ***énergies fossiles*** et de réduire les émissions de gaz carbonique.

Cette technique est déjà très efficace : l'incinération des déchets est, après l'***hydroélectricité***, la deuxième source d'énergie renouvelable en France, au Japon et en Norvège. Les résidus des déchets offrent aussi de nouveaux matériaux, comme le mâchefer, utilisés dans les travaux publics (sous-couches de chaussées).

Les incinérations ont longtemps menacé l'environnement, car les fumées émises pouvaient

Usine d'incinération des ordures de Vaux-le-Pénil, en Seine-et-Marne, France.

Les politiques nationales de traitement des déchets

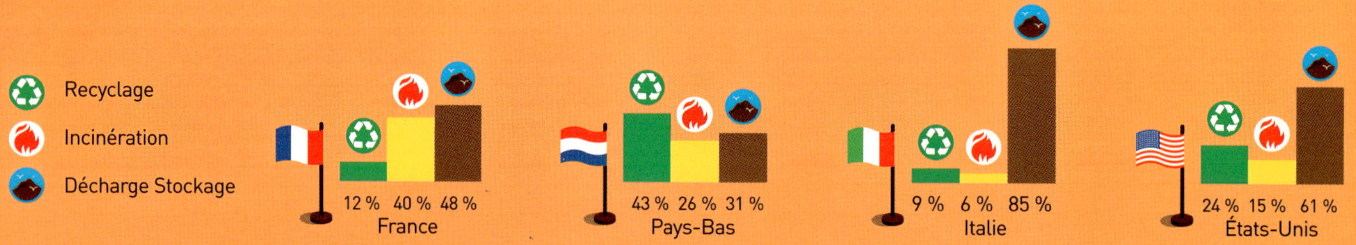

zoom

Les centres de stockage

Solution ultime de traitement des déchets, le centre de stockage est aménagé, dans les pays industrialisés, dans des sites, ayant une imperméabilité naturelle (argile) pour protéger les sols, les eaux de surface et les eaux souterraines.

L'imperméabilité, première protection naturelle, est renforcée par une géomembrane (couche très isolante et épaisse assurant une étanchéité complète). Les déchets sont empilés dans ces centres de stockage, tassés et recouverts lorsque la cavité est pleine. Les eaux de pluie qui s'infiltrent dans les déchets sont récupérées et traitées (ce sont les lixiviats). Pendant la durée du stockage (environ 30 ans), les déchets se dégradent, fermentent et produisent un gaz : le ***biogaz***. Ce dernier, qui pourrait être très nocif pour l'environnement (21 fois plus nocif que le CO_2 pour l'***effet de serre***), est récupéré pour être valorisé et produire de l'énergie . Si cette installation de valorisation n'est pas possible (problème de coût, trop faible quantité de gaz produit, etc.), le biogaz est brûlé sur place pour s'assurer qu'il ne se disperse pas dans l'atmosphère. Mais dans les pays en développement, les centres de stockage ne sont pas aussi modernes, et les déchets sont encore trop souvent entassés à l'air libre sans aucune protection faute de réglementation et surtout de moyens techniques et financiers.

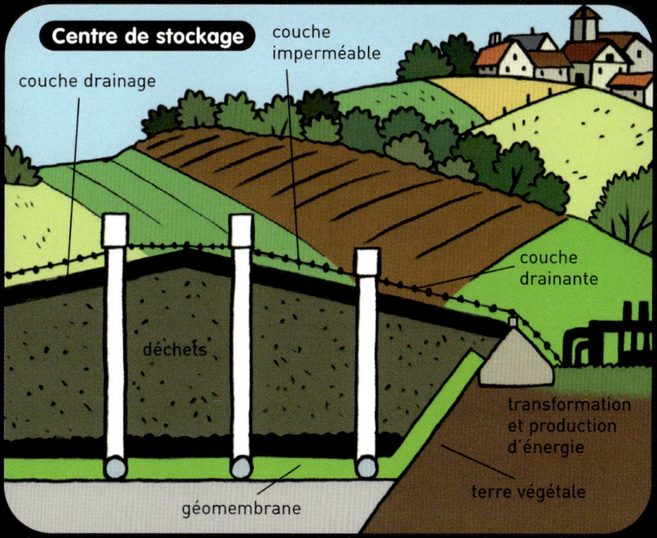

être très toxiques pour l'***atmosphère***. Celles-ci doivent être traitées et les cheminées munies de filtres neutralisant les pollutions avant leur rejet dans l'atmosphère. En Europe, les normes de pollution atmosphérique des usines d'incinération sont très sévères, mais des interrogations demeurent dans d'autres pays.

Les résidus peuvent également être déposés dans le sol, dans des cavités naturelles ou artificielles : c'est le stockage des déchets, ou mise en décharge. Le stockage est le mode de traitement des déchets le plus répandu dans le monde.

Le nombre de centres varie selon les pays, en fonction des conditions géographiques (ils sont rares au Japon, faute d'espace) ou géologiques (au Royaume-Uni, le sol argileux très étanche a facilité leur création).

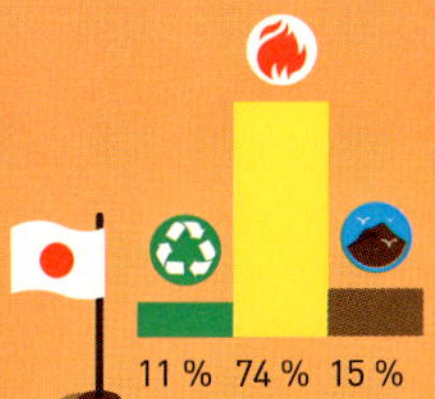

La santé environnementale

« Quiconque désire étudier la médecine comme il faut devra considérer les rapports entre les saisons de l'année, les vents, les eaux, la santé et la maladie » affirmait Hippocrate (460-377 avant J.-C.), le plus grand médecin de l'Antiquité. Ce conseil est encore d'actualité. Qu'il s'agisse de l'air que nous respirons, de l'eau que nous buvons ou de la nourriture que nous consommons, notre santé dépend de l'environnement dans lequel nous vivons. En effet, selon l'Organisation mondiale de la santé (OMS), environ 30 % des maladies que l'on pourrait éviter sont liées à la dégradation de la nature par des pollutions chimiques, biologiques et physiques. Mais ce n'est pas tout ! L'exposition à des rayons ionisants, aux rayons ultraviolets et au bruit peut aussi affecter notre santé.

Chaque année dans le monde, 2 millions d'enfants de moins de 5 ans meurent de déshydratation causée par des diarrhées après avoir bu de l'eau contaminée par des bactéries, des virus ou des parasites ou avoir mangé des aliments lavés avec une eau souillée (source : OMS).

LES RESSOURCES

Ne pas jeter le produits chimiques dans les sanitaires...

... ni de déchets dans les lacs, les rivières ou les mers.

Le manque d'eau est à l'origine de l'**insalubrité** des lieux de vie et favorise la propagation de maladies infectieuses. Le manque d'hygiène, associé au manque d'eau, est responsable de maladies intestinales et respiratoires.

INCINÉRER LES DÉCHETS

L'élimination des **déchets** ménagers a un impact réduit sur l'environnement dans les **pays industrialisés** (grâce aux filtres sur les incinérateurs, par exemple).

Les **déchets toxiques** (piles au mercure, déchets issus des soins médicaux, produits chimiques...) doivent être collectés et traités pour ne pas contaminer les ressources naturelles et la santé des gens.

L'élimination des déchets est en revanche préoccupante pour la santé dans les **pays en développement**. 70 % des déchets ne sont pas collectés et sont souvent brûlés à l'air libre, provoquant des fumées toxiques (VOIR ZOOM P. 114).

TRIER ET COLLECTER

À la maison, il faut **trier** ses déchets.

On peut contribuer à **réduire la production de déchets** en limitant la consommation d'emballages.

Il faut **collecter** les déchets dangereux (solvants, piles, peintures...) pour les traiter dans des installations sécurisées.

menaces & solutions

L'EAU — LES DÉCHETS — L'AIR

Un homme respire chaque jour 15 000 litres d'air. Il est difficile de mesurer les effets néfastes de chaque polluant de l'air sur la santé, car certains polluants redoublent de force lorsqu'ils sont mélangés.

Les pollutions de l'air fragilisent la capacité respiratoire.

SE PROTÉGER

En cas de pic de pollution, il faut **réduire son activité physique** pour ne pas absorber trop d'air pollué.

La pollution de l'air constitue la première cause de mortalité chez les enfants de moins de 5 ans dans le monde (source : OMS).

MARCHER

Pour les petits **déplacements**, privilégier la marche à pied, le vélo ou les transports en commun.

...RGIE

...hiver, plutôt que ...e surchauffer la maison, ...ommencer par bien ...e couvrir.

a

b

c

d

e

f

g

h

Couverture

illustration de Stéphane Kiehl

Crédits photographiques

Couverture Ray Juno / Corbis ; Jose Fuste Raga / Corbis

Intérieur 12 Lionel Bonaventure / AFP ; **15** (repris p. 6 hd) Tom Van Sant / CORBIS ; **18-19** M & C Denis-Huot / PHOTONONSTOP ; **18-19** (repris p. 6 m) Thierry Montford / BIOS ; **18-19** Brigitte Merle / PHOTONONSTOP ; **18-19** HPP / Jacques Sierpinski / TOP ; **18-19** Naftali Hilger / LAIF-REA ; **18-19** HPP / Juan Carlos Muñoz / Age Fotostock / HOA-QUI ; **18-19** Wilfried Krecichwost / Zefa / CORBIS ; **18-19** HPP / Delphine Aures / JACANA ; **20** Lynas Mark / Still Pictures / BIOS ; **24** Bay Ismoyo / AFP ; **25** Daniel Beltra / GREENPEACE ; **28 de gauche à droite et de haut en bas** DR ; INRS ; DR ; 1996 Forest Stewardship Council A. C. « OR » 1996 FSC A.C. ; DR ; Max Havelaar ; Communauté européenne ; **36** Nicole Duplaix / National Geographic / GETTY IMAGES ; **38 bas d** Bruce Rasner / SEAPICS.COM ; **38 bas g** DR ; **39 BIS** / Ph. Jeanbor ARCHIVES LARBOR ; **39 bas d** Prof S. BLAIR HEDGES ; **39 bas g** AFP ; **39 bas m** Serge PUJOL ; **42** HPP / Rémi Benali / GAMMA ; **44** RPG Roman Poderny / CORBIS SYGMA ; **45** (repris p. 32 hd) Roman Poderny / CORBIS/RPG/; **47** Alberto Cesar / Greenpeace / AP / SIPA ; **48** (repris p. 32 bd) Denis Bringard / SUNSET ; **60** Alberto Garcia / CORBIS ; **61 d** Weatherstock / SUNSET ; **61 g** Jim Reed Photography / Eric Nguyen / CORBIS ; **62** Mohamed TORCHE / HOA-QUI / EXPLORER ; **63 bas** Fabrice Coffrini / AFP ; **63 ht** AFP / STR ; **72** (repris p. 66 hg) Liu Jin / AFP ; **76** (repris p. 66 bd) Raphael Gaillarde / GAMMA ; **77** Bob Sacha / CORBIS ; **78 bas** Francis Robert / GETTY IMAGES France ; **78 ht** Manfred Gottschalk / ALTITUDE ; **89 bas** (repris p. 84 h) Claudius Thiriet / BIOS ; **89 ht** Daniele Pellegrini /GETTY IMAGES France ; **93** Florian Launetti / MAX PPP ; **96** (repris p. 84 b) Gilles Saussier / GAMMA ; **97** John Zoiner / PHOTOLIBRARY ; **104** (repris p. 100 h) Dean Conger / CORBIS ; **106** David Muench / CORBIS ; **110** KHARBINE-TAPABOR ; **111** Louie Psihoyos / CORBIS ; **112** Mairie de Paris/Image-et-stratégie ;**113** DPE ; **114** (repris p. 100 m) Pierre Gleizes / REA.

Ce livre a été imprimé sur du papier certifié FSC, fabriqué avec du bois provenant de forêts gérées dans les principes du développement durable.

Conforme à la loi 49 956 du 16 juillet 1949 sur les publications destinées à la jeunesse.
N° Éditeur : 10129487 - ISBN : 209-251171-8
Dépôt légal : octobre 2006
Imprimé en Italie